Volkmann-Schluck

Plato
Der Anfang der Metaphysik

Karl-Heinz Volkmann-Schluck

Plato
Der Anfang der Metaphysik

herausgegeben von
Inge Bandau und Ingeborg Strohmeyer

Königshausen & Neumann

Die Deutsche Bibliothek — CIP-Einheitsaufnahme

Volkmann-Schluck, Karl-Heinz:
Plato : der Anfang der Metaphysik / Karl-Heinz Volkmann-Schluck.
Hrsg. von Inge Bandau und Ingeborg Strohmeyer. – Würzburg :
Königshausen und Neumann, 1999
ISBN 3-8260-1557-6

Gedruckt auf säurefreiem, alterungsbeständigem Papier
Bindung: Rimparer Industriebuchbinderei GmbH

Printed in Germany
ISBN 3-8260-1557-6

Inhalt

Einleitung

Das Thema der Vorlesung, die Philosophie Platos, scheint zunächst keiner weiteren Vorerörterungen zu bedürfen. Plato gehört zu den großen Denkern, die uns auch heute noch Bedeutendes zu sagen vermögen. Trotz der über 2000 Jahre, die uns historisch von ihm trennen, lohnt es sich, sich mit seinen Lehren zu beschäftigen. Was er an Tiefsinnigem gedacht und gelehrt hat, bleibt auch für uns noch interessant. So mag das Interesse, das immer für Plato bestanden hat und auch heute noch besteht, unser Vorhaben rechtfertigen.

Aber gibt es – und heute zumal – überhaupt irgendetwas, für das sich der Mensch nicht interessiert? Gehört nicht alles und jedes, mit dem sich der Mensch beschäftigt, zu dem Interessanten? Interessant ist das Beliebige, von dem wir uns einnehmen lassen, um uns auch schon von ihm abzukehren und einem anderen zuzuwenden. Interessant nennen wir das Unübersehbare, das uns im Grunde nichts angeht. Sollte uns Plato also nur interessant sein, dann dürften wir wohl schwerlich ein Semester bei ihm aushalten.

Allzu leicht sind wir geneigt, das Interessante auch schon für das Bedeutende zu halten. Aber bedeuten kann uns nur das, was uns nahe ist, dergestalt, daß es uns in unserem Wesen in Anspruch nimmt. Das in diesem Sinne Bedeutende ist das Gegenteil zu dem bloß Interessanten, bei dem die haltlos schweifende Neugierde ihre billige Befriedigung sucht. Etwas bedeuten kann uns nur jenes, auf das hin wir uns im vorhinein schon versammeln, weil wir von ihm in unserem Wesen angesprochen sind.

Das Denken Platos bahnt sich seinen Weg auf langen Bahnen des Fragens. Was hier zur Frage steht, ist das Eine und Selbe, wenngleich die Wege, auf denen sein Denken dem Erfragten nachgeht, niemals die gleichen sind. Auf diesen Bahnen stellen sich mannigfache Antworten ein. Diese können wir aus den Schriften

Platos entnehmen. Sie sind außerdem in der Plato-Literatur aufgezeichnet. Man nennt sie die Lehren Platos. Aber wenn diese Lehren Platos Antworten auf Fragen darstellen, dann bleiben sie von uns unverstanden, wenn die Fragen nicht von uns mitvollzogen, d.h. mitgefragt sind. Denn was sollen uns Antworten auf Fragen, die wir überhaupt nicht gestellt haben. Wir nehmen sie dann als bloße Lehrmeinungen eines Philosophen unter vielen anderen, die im Laufe der Geschichte aufgestellt worden sind. Soll uns also, was Plato sagt, etwas bedeuten, dann müßten wir von den Fragen selbst angegangen und betroffen sein, auf die Plato eine Antwort sucht, d.h. wir müßten innerhalb von Platos Denkbereich selbst zu Fragenden werden. Nur dann ist das, was Plato sagt, uns gesagt.

In welchem Bereich bewegt sich Platos Denken? Aus und innerhalb welcher Dimension ist das von ihm Gesagte gesprochen? Und wie gelangen wir in diese Dimension hinein?

a) Vorbegriff der Philosophie

Auf die erste Frage nach dem Bereich seines Denkens kann uns das Wort Philosophie einen ersten Wink geben. Dieses Wort, das zugleich ein gebräuchliches Wort der griechischen Umgangssprache war, ist durch Plato erst zu der Bedeutung erhoben worden, die es seitdem bis zum heutigen Tag hat. Wir nennen die sogenannten Philosophen auch die Denker. Das will nicht sagen, daß alle anderen Menschen nicht denken, und das deshalb schon nicht, weil das Denken als die Wesensauszeichnung des Menschen vor allem Seienden in der Welt gilt. Wenn wir gleichwohl die Philosophen die Denker nennen, dann spricht sich darin die herkömmliche Auffassung aus, daß im Philosophieren das Denken in das Freie seines eigenen Wesens gelangt. Denker zu sein: darin liegt keineswegs eine fraglose Anerkennung unseres gewohnten Meinens und Vorstellens. Wir sprechen oft vom bloßen Denken und meinen mit dem „bloß" das Entblößtsein vom Wirklichkeitsbezug, der im Handeln beruht. Im bloßen Denken der Denker kommt nichts heraus als Gedanken, während es doch darauf ankommt, das Wirkliche durch Gestaltung und Umgestaltung weiter zu treiben. Andererseits sprechen wir von den Philosophen als den *großen* Denkern, von denen wir uns – am liebsten in einem Überblick – eine Kenntnis verschaffen möchten.

Was immer wir uns unter dem Denken vorstellen mögen – Plato hat zum ersten Mal das eigentliche Denken Philosophie genannt. Seitdem vollzieht sich *das* Denken als ein Philosophieren. Vielleicht kann uns eine Besinnung auf dieses Wort einen ersten Einblick in die Dimension verschaffen, aus der das von Plato Gesagte spricht.

Das Wort *philosophia* ist ein zusammengesetztes Wort. Das Tragende darin ist das Wort *sophia*. Es gehört in den Umkreis der griechischen Worte, die Wissen bedeuten. *Sophia* kennzeichnet jedoch das Wissen nicht seinem Inhalt nach, sondern meint den einem Wissen eigenen Charakter der Erstaunlichkeit. Das Erstaunliche ist das, was sich aus dem Umkreis des Gewohnten und Bekannten herausstellt und deshalb, herausgelöst aus den gewohnten Bezügen, in seiner Befremdlichkeit einfach dasteht. *Sophia* nennt ein erstaunliches Wissen, das dort noch weiß, wo man zunächst nicht einmal versteht, daß es dort noch etwas zu fragen gibt. Deshalb gibt es auch von unseren gewohnten Kenntnissen und vertrauten Erkenntnissen keine Brücke zur *sophia*, sondern nur den Sprung. Wohin uns die *sophia* verweist, das ist nicht nur ein von uns noch nicht betretener Bezirk unter anderen, sondern eine völlig andere Ortschaft und Landschaft. Wir kennen uns – wenngleich nur immer in Grenzen – in diesem oder jenem Bereich aus, vielleicht auch in mehreren, schwerlich jemals in allen. Aber wenn wir etwa Historiker und deshalb im Bereich der Geschichte zu Hause sind, dann erstaunen wir doch nicht darüber, daß es in einem anderen Bereich, etwa dem der Zahlen, auch ein Wissen gibt, obwohl wir über dieses Wissen nicht verfügen. Und wenn ich keinen Schrank verfertigen kann, so bin ich doch nicht darüber betroffen, daß es Menschen gibt, die sich darauf verstehen.

Die *sophia* jedoch ist ein Aufenthalt-Nehmen nicht bei diesem oder jenem Bezirk, sondern bei dem, *was überhaupt ist*. Das aber ist kein einzelner Bezirk unter anderen. Denn neben und außer dem, was überhaupt ist, ist nichts. Insofern nimmt die *sophia* ihren Aufenthalt bei *allem*. Aber sie verliert sich deshalb nicht in die unübersehbare, weil unbegrenzte Mannigfaltigkeit von allem und jedem, sondern sie versammelt das Gesamt in eine einzige Hinsicht, in die auf sein Sein. Also geht die *sophia* gerade auch auf die Bezirke, in denen wir uns immer schon bewegen und in denen wir uns auskennen. Denn was und wie sie auch immer sein mögen, sie gehören doch zu dem, was *ist*, also zum Seienden. Die *sophia* erstreckt sich auf alles Seiende, und zwar in Hinsicht auf sein Sein. Das Sein aber ist ein Einzigartiges, das jegliches, von dem wir sagen: Es ist, in seinem Wesentlichsten angeht. Das Sein ist kein Bezirk unter anderen, keine besondere Art unter anderen Arten, sondern die Weise des Seienden als solchem. Daher geht das Sein ein jegliches an, sofern es eben ein Seiendes ist.

Nun wird auch deutlich, worin das Erstaunliche der *sophia* besteht: Sie beherrscht nicht einen gesonderten Bezirk unter und neben anderen, wie wir es sonst vom Wissen gewohnt sind, sondern sie kennt sich in dem aus, was das überhaupt *ist:* ein Seiendes sein, was überhaupt Seiendes als ein solches auszeichnet und zu einem Seienden bestimmt. Sie bewegt sich in dem weitesten Raum, innerhalb dessen die Unterscheidung von „seiend" und „nicht seiend" erst zum Vollzug gelangt. Die *sophia* kennt sich nicht in diesem und jenem Bereich von Seiendem aus, sondern sie weiß noch etwas wesenhaft anderes: die Weise des Seienden selbst, sofern es ein Seiendes ist, jenes also, was Seiendes und Nicht-Seiendes überhaupt erst unterscheidet, was daher allem Stehen und Gehen erst Grund und Boden gibt. Dieses nennen wir das Sein des Seienden. Und bleiben jene uns vertrauten Weisen des Sich-Auskennens in den verschiedenen Weltbezirken nicht im Grunde Un-Kenntnisse, solange wir noch nicht eine Sicht für das gewonnen haben, was überhaupt ein Seiendes als ein solches ist? Erkennen wir denn Seiendes, wenn wir nicht zu sagen wissen, was das ist, ein Seiendes, ja diese Frage nicht einmal verstehen? Ist die Sicht auf das Sein nicht die entscheidende Sicht? Und halten wir uns nicht in einem sichtlosen Wissen auf, wenn wir mit Seiendem ständig umgehen und auf die Frage, was Seiendes denn als solches sei, nicht ein Wort zu sagen wissen?

Sophia verwaltet den Bezug zu jenem Einzigartigen, das jedes Seiende angeht, sofern es ein Seiendes ist, zur Weise des Seienden als solchem oder zum Sein des Seienden. Aber Plato spricht nicht von *sophia,* sondern von *philo-sophia. Philos* heißt der Freund, jener also, dessen ständigen Umgang man erstrebt, mit dem man sich zu gesellen trachtet, dem man zugeneigt ist. Das eigentliche

Denken ist nicht schon die *sophia* selbst, sondern ein solches, das sich der *sophia* zu gesellen trachtet, das den ständigen Umgang mit ihr sucht. In *philosophia* liegt also eine Beschränkung und Bescheidung. Und diese erfolgt bei Plato im Hinblick auf die Menschlichkeit, d.h. aber die *Sterblichkeit* des Denkenden. Das, was überhaupt und im Grunde *ist,* ist das Unentgehbare, Unvergängliche. Innerhalb seiner kann nur dieses und jenes Einzelne vergehen, auch die Bereiche, in denen wir uns auskennen, in denen das Wissen verschwindet. Das aber, was überhaupt ist, kann sich niemals aus dem Umkreis der Gegenwart entziehen. Es ist das bleibend Anwesende, also das Immerwährende. Der Mensch aber, der einen wissenden Bezug zu dem, was ist, zu erlangen sucht, weilt gerade nur eine Weile im Sein. Die Sterblichkeit des Menschen besagt nicht nur und zuerst, daß er eine Zeitlang lebt, um dann auf einmal zu sterben, sondern er weilt im Kommen und Gehen. Sein Weilen im Sein ist in sich ein Übergang aus Ankunft und Weggang. Er weilt übergängig im Sein, d.h. er weilt schon im Weggang, sobald er angekommen ist. Aber dieses dergestalt übergängige und hingängige Wesen weilt zugleich im Bezug zum Unvergänglichen. Der wissende Bezug zu diesem heißt *sophia.* Weil aber das Sein des Menschen nur im Übergang von Ankunft und Weggang besteht, wird auch der wissende Bezug zum Unvergänglichen übergängig bleiben. Und so schwingt der Mensch im Übergang vom Hingängigen zum Unvergänglichen, d.h. die gesuchte *sophia* vermag ihm niemals als das Eigene zum Eigentum zu werden. Sie bleibt ihm immer auch das Gesuchte. Als das immer auch Gesuchte wird sie zum Gesetz und Maß des Denkens, aller menschlichen Verhaltungen. Es kann deshalb auch für den Menschen nicht darauf ankommen, das Suchen hinter sich zu bringen, sondern woran ihm liegt, ist, in den suchenden Bezug zur *sophia* zu gelangen und sich in diesem Bezug festzuhalten. Das vom Menschen angestrebte Wissen von der Art des Seienden als solchem wird daher hinter dem in diesem Wissen liegenden Maß wesenhaft und deshalb ständig zurückbleiben. Es wird niemals das Standfeste und Immerwährende sein, sondern selbst übergängig, also in Bewegung bleiben. Oder: Das Wissen wird wesenhaft in sich ein Fragen sein und bleiben. Deshalb kann die menschliche *sophia* nur eine *philo-sophia* sein, ein ständig übergängiges Weilen bei der *sophia* als dem beherrschenden Sichauskennen im Sein des Seienden selbst.

Das Wort *philosophia* gibt uns aber, wenn es aus der Sache gedacht wird, die darin zur Sprache kommt, einen ersten Einblick in die Dimension, aus der Plato spricht. Philosophie ist nicht, wie wir oft meinen, ein eigenwilliges Sich-Abmühen mit wirklichkeitsentblößten Abstraktionen, ein zweckfreies Sich-Beschäftigen mit allgemeinsten Allgemeinheiten, sondern aus dem Sinne Platos gedacht ist Philosophie der beständige Vollzug des Übergangs vom Sterblichen in die *sophia* als Wissen vom Immerwährenden. Dieser Übergang bleibt ein Übergang, weil der Mensch als der Hingängige west und deshalb auch sein Wissen von der Art des Übergängigen ist. Das ist der eigentliche, weil wesentliche Sinn des Wortes Philosophie, der auch, wenngleich seit Plato mehr verborgen als offenkundig und durch unsere Allerweltsvorstellungen überdeckt, immer in Kraft geblieben ist. Noch bei Kant, dessen Werk die letzte epochale Wendung dessen einleitet, was bei den Griechen seinen Anfang nahm, ist das menschliche Wissen vom Sein des Seienden nur im Vollzug des Übergangs möglich. Und im Stadium der unbedingten Wesensvollendung der Philosophie denkt Nietzsche den Menschen in seinem Wesen als einen Übergang in ein Höheres seiner selbst. So denkt die Philosophie nach Plato das Ewige, allein sie denkt es in der Weise des Sterblichen, d.h. im Übergang zu ihm. Die Philosophie durchmißt diesen Übergang und ist selbst dessen Dimension. Was Plato auch immer sagt, es ist philosophisch gesagt, d.h. aus dem Übergang, dessen Dimension die Philosophie selbst ist.

Soll uns Platos Denken etwas be-deuten, d.h. soll es uns in unserem Wesen angehen, dann müssen wir in diese Dimension hineingelangen. Wie aber soll das geschehen? Das scheint keine weiteren Schwierigkeiten zu bereiten. Jedoch, indem wir versuchen, in die Dimension von Platos Denken hineinzugelangen, haben wir auch schon zugestanden, daß wir nicht drinnen sind. Weshalb und inwiefern nicht? Kennen wir nicht von Platos Philosophie das Wichtigste? Seine Lehre vom Staat, in dem die Philosophen herrschen sollen, der Gedanke der Unsterblichkeit der Seele, die Lehre vom *eros* als dem Mittler zwischen Sterblichem und Ewigem und noch manches andere? Vor allem aber seine Lehre von den Ideen, wonach tatsächlich das im unsinnlichen Denken Gedachte das in Wahrheit Seiende ist? Sind wir denn nicht mit all diesen Kenntnissen mitten in Platos Denken drin?

Wenn wir die Lehren Platos im einzelnen und im ganzen vor uns hinstellen, versetzen wir uns zu ihnen in ein gegenständliches Gegenüber. Mit diesem gegenständlichen Lehrbestand können wir uns in mannigfacher Weise – als Philosophiegelehrte und -historiker – beschäftigen. Aber indem wir Platos Denken zu einem Gegenstand des Betrachtens machen, stellen wir uns ihm gegenüber und aus ihm heraus. Gerade die vergegenständlichende Betrachtung schließt uns von der Dimension aus, aus der Plato spricht. Wir sind zufolge unserer vielen Plato-Kenntnisse nicht etwa in Platos Denken drin, sondern eher draußen. Wir haben uns vor dieses Denken, d.h. aus ihm herausgestellt. Wir verhalten uns Plato und der Philosophie überhaupt gegenüber zunächst vor-stellend, d.h. sein Denken als Gegenstand der Betrachtung vor uns hin und auf uns zustellend. Dieses bloß vorstellende Verhältnis zur Philosophie befestigt sich und richtet sich ein durch die Philosophiehistorie. Deren Verdienste sollen hier weder geleugnet noch bestritten werden. Die philosophiehistorische Forschung ist für uns, so wie wir sind, auch unentbehrlich. Nur müssen wir uns darüber klar sein, daß das historische Verhalten zur Philosophie, wenn es den Bezug zur philosophischen Überlieferung überhaupt übernimmt, uns vom Philosophieren ausschließt. Die historische Betrachtung ist eine Weise des vorstellenden Verhaltens zur Philosophie. Da wir uns zumeist und oft sogar für immer darin halten, sind wir trotz aller philosophiehistorischen Kenntnisse vom Philosophieren ausgeschlossen.

Wir müssen also, um in die Dimension Platos hineinzugelangen, durch die Vorstellung von seiner Philosophie hindurchgehen. Diese Vorstellung ist im wesentlichen unmittelbar nach Plato von seinem Schüler Aristoteles geprägt. Die prägende Kraft dieser Vorstellung war so groß, daß sie die gesamte Plato-Auffassung der Folgezeit bestimmt hat. Das rührt daher, daß Aristoteles die leitenden Seinsbestimmungen endgültig festgelegt hat, unter deren Herrschaft von da ab das Denken stand. Aristoteles freilich hat Platos Denken nicht bloß historisch betrachtet. Das maßgebliche Bild, das er von Plato entworfen hat, erwuchs aus einer wesentlichen Auseinandersetzung mit ihm, die darum vom Philosophieren des Aristoteles unabtrennbar bleibt und durch die er erst in seine Dimension gelangte. So denkt zwar Aristoteles, wenn er über Plato spricht, nicht innerhalb und aus dessen Denkbereich; weil sich aber sein Bild von Plato aus einer wesentlichen Auseinandersetzung mit ihm entfaltete, hält sich dieses Bild in einer Wesensnähe zum Denken Platos. Deshalb finden wir noch am ehesten einen Eingang in die Dimension von Platos Denken im Durchgang durch die wesentliche Vorstellung des Aristoteles von Plato. Denn sofern Aristoteles Platos Denken vorstellt, steht es nicht innerhalb dieser Dimension –, sofern es jedoch eine in der sachlichen Auseinandersetzung erwachsende *wesentliche* Vorstellung ist, bleibt sie Plato nahe.

b) Die überlieferte, von Aristoteles geprägte Vorstellung von Platos Philosophie

Da wir uns zunächst im vorstellenden Verhalten zur Philosophie Platos bewegen, machen wir einen Eingang in sie über den Durchgang durch die Darstellung des Aristoteles.

Die entscheidende Stelle, die alle nachkommenden Plato-Auffassungen geprägt hat, findet sich im XIII. Buch der *Metaphysik.*[1] Dieser Stelle hat die folgende Zeit das Wesentliche entnommen, was sie von Plato weiß. Wir gehen die Stelle im einzelnen durch:

> „Die Ansicht von den Ideen kam ihren Anhängern dadurch, daß sie im Umkreis des Fragens nach der Wahrheit den Darlegungen der Herakliteer folgten, wonach alles durch die Sinne Wahrnehmbare im ständigen Fluß sei. Wenn anders daher Wissen von etwas und Einsicht sein sollen, so sei neben und außer dem, was den Sinnen sich zeigt, noch anderes bleibendes Seiendes erforderlich. Denn von dem, was im Flusse ist, gebe es kein Wissen." (*Met.* XIII 4, 1078 b 12-17)

Zweierlei ist bemerkenswert: 1) Der Ansatz von Ideen erfolgt im Bereich des Fragens nach der Wahrheit (*aletheia*). *Aletheia* meint hier aber noch nicht eine Eigenschaft des Satzes, der über den Gegenstand ausgesagt wird. Sie nennt vielmehr in einer weiten und

---

[1] Aristoteles, *Metaphysik*, XIII 4, 1078 b 12-34.

wesentlichen Bedeutung den offenen Umkreis, in den alles hineingehört, was ist. In diesen ganzen Umkreis ist der Mensch immer schon einbezogen und freigestellt.

2) Der Ansatz von Ideen ist nach Aristoteles motiviert in der Sorge um die Möglichkeit von Wissen (*episteme*). *Episteme* bedeutet nicht Wissen im engeren Sinne der Wissenschaft, sondern heißt Zuständigsein, nämlich für das im Offenen der Unverborgenheit Anwesende, das Seiende. Dieses Wissen entfaltet sich gemäß den wesentlichen Bereichen, in die sich das Seiende überhaupt und im ganzen gliedert, in die verschiedenen Wissenschaften.

Wissen bedeutet, das maßgeblich Bestimmende erblickt zu haben und sich im Bezug zum Beständigen zu halten, wodurch der Mensch erst seinerseits einen Stand inmitten des Kommenden und Gehenden gewinnt. Die Sorge um die Möglichkeit des Wissens ist in sich die Sorge um den Wesensstand des Menschen in der Welt. Deshalb – und nicht aus bloßer Neugierde – drängten die Griechen auf das Wissen. Wissen, Bezug zum Beständigen, gibt den Halt für eine Haltung. Das Bedachtsein des Menschen auf solche Halt gebende Haltung nannten die Griechen *phronesis*, d.h. Einblick in das, was dem Menschen seinen Wesensstand angesichts des offenen, unablässigen Andrangs des Kommenden und Gehenden gewährt. Dabei ist das Beständige im doppelten Sinne zu nehmen: einmal als das Standfeste im Gegensatz zu dem Zusammensinkenden, dann als das Währende im Gegensatz zu dem, was nur erscheint, um auch schon zu verschwinden. Was sich aber dem Menschen innerhalb des offenen Umkreises, in den er ausgesetzt ist, zunächst zeigt, vernimmt er durch die Sinne. Diesen aber zeigt sich das immer andere und andere der Veränderung, also das Unständige und Unwährende. Die Herakliteer (eine nach Heraklit benannte philosophische Richtung) lehrten eben darum den bestandlosen Wechsel alles Seienden und nahmen für diese Lehre das Wort Heraklits in Anspruch: *panta rhei*, alles ist im Fluß. (Wir können hier nicht auf die Frage eingehen, ob diese Auslegung das trifft, was Heraklit in diesem Satz gesagt hat.) Bei dem, was den Sinnen sich zeigt, kann der Mensch den standgebenden Halt nicht finden. Soll es nun überhaupt für den Menschen eine Möglichkeit des Standes in der Welt in der Weise des Wissens geben, dann jedenfalls nicht innerhalb des sinnlich

Wahrnehmbaren, also neben und außerhalb seiner. Dieses müßte dann von nicht-sinnlicher Wesensart sein.

Gibt es nun solches über-sinnlich Anwesendes und was ist das? Hören wir weiter auf Aristoteles:

> „Sokrates war unaufhörlich befaßt mit den Tauglichkeiten, die den Menschen dazu tauglich machen, in dem ihm zugewiesenen Aufenthaltsbereich zum Stehen zu kommen, und zwar dergestalt, daß er unablässig nach dem suchte, was bezüglich ihrer (der Tauglichkeiten) das Erste maßgeblich Bestimmende ist ... Mit gutem Grund aber suchte er nach dem Was-es-ist." (*Met.* XIII 4, 1078 b 17-19, 23)

Die Sache des Sokrates war also das, was den Menschen zum Menschen tauglich macht. Was Seiendes zu dem tauglich macht, was es ist, nannten die Griechen *arete*. *Arete* wird meist mit Tugend übersetzt, wodurch die Bedeutung von *arete* auf den Menschen und dazu noch auf das Moralische eingeengt wird. Die Griechen konnten aber von der *arete* z.B. eines Pferdes sprechen. Der Mensch ist zum Menschen tauglich, wenn er den ihm zugewiesenen Aufenthaltsbereich innehält. Der ständige Aufenthaltsbereich eines Wesens, also sein Wohnsitz, heißt *ethos*. Was den Menschen dazu tauglich macht, in seinem Wesen zu wohnen, heißt *ethike arete*. Dieses entfaltet sich in eine Vielzahl gemäß den verschiedenen Feldern des menschlichen Lebens: Besonnenheit, Gerechtigkeit, Tapferkeit usw. Im Bereich der menschlichen Tauglichkeiten war Sokrates zeit seines Lebens unaufhörlich bemüht. Warum? Um zu lehren, wie man sich jeweils zu verhalten habe? Nein. Denn das gerechte Verhalten z.B. ist seinem sinnenfälligen Aussehen nach je nach Lage und Umständen anders und anders. Was sich das Aussehen des Gerechten gibt, kann sogar ungerecht sein. Wonach Sokrates auf der Suche war, das war vielmehr etwas, das bis dahin überhaupt noch nicht in die Sicht gekommen war: jenes, was etwa in allen gerechten Verhaltungen in all ihrer Verschiedenheit und Veränderung nach Lage und Umständen das maßgeblich Bestimmende ist, das sich als Eines und Selbes über den ganzen Umkreis möglicher Einzelverhaltungen bestimmend erstreckt. Dieses von Sokrates erstmals Erfragte nennt Aristoteles in seiner Sprache *katholou*, d.i. das, was sich von oben herab über den ganzen Umkreis des Einzelnen als das maßgeblich Bestimmende erstreckt. Was ist das aber? Der letzte Satz sagt es uns: Das, *was* das vielerlei Einzelgerechte einheitlich *ist*, m.a.W.: was ein jegliches Gerechte als ein solches auszeichnet. Dieses nennen wir das Wesen (*ousia*) des Gerechten oder die Gerechtigkeit. Das ständige Bestreben des Sokrates war, die menschlichen *aretai* in ihrem einheitlichen Wesen zu umgrenzen. Da aber der Mensch zunächst immer schon das sinnenfällige Aussehen vor sich hat und sich daran hält, kam es Sokrates darauf an, dem Blick auf das einheitliche Wesen der *arete* die Bahn zu öffnen und durch ständiges Wegsehen von dem sinnlichen Anblick den Blick auf dieser Bahn zu halten. Die Gespräche des Sokrates dienen diesem einen Ziel: den Wesensblick zu öffnen und ihn auf seiner Bahn zu halten. Aristoteles sagt, mit gutem Grunde habe Sokrates nach dem Wassein gefragt. Denn die gerechten Einzelverhaltungen wechseln und sind verschieden. Aber das, was sie sind, nämlich gerecht, ist in all ihrem Wechsel das Bleibende und in all ihrer Verschiedenheit das Selbe. Das, *was* die *arete ist*, das ist das Beständige, das dem Menschen im Andrang des Kommens und Gehens die Standfestigkeit verbürgt. Es läßt ihn in seinem Wesen den Stand gewinnen.

> „Denn er suchte danach, wie das jeweilig Besondere aus seinem einheitlichen Grunde gesammelt entnommen werden kann. Der bestimmende Anfang solchen gesammelten Entnehmens ist aber das Wassein." (*Met.* XIII 4, 1078 b 24-25)

Wenn der Blick für das geöffnet ist, was das Gerechte ist, dann weiß derjenige, der über diese Sicht verfügt, was in der jeweiligen Lage zu tun, was gerecht ist, und er vermag seine Verhaltungen zu begründen. All seine mannigfaltigen Verhaltungen nehmen ihren Anfang aus dem einheitlichen Wesen der Gerechtigkeit und bleiben darin einbehalten. Worin etwas seinen Anfang nimmt, so jedoch, daß es darin einbehalten bleibt, nannten die Griechen *arche*. Darunter verstanden sie nicht den bloßen Beginn, den man im weiteren Fortgang hinter sich läßt, sondern den die Bahn allererst eröffnenden Anfang, der alles auf ihn Folgende einbehält: Anfangsgrund.

„Denn ein Zweifaches ist es, was man mit Recht dem Sokrates zuerteilt, das dem Wassein entgegenführende Besprechen und Durchsprechen und die Umgrenzung dessen, was eine Sache überhaupt ist.“ (*Met.* XIII 4, 1078 b 27-29)

Die Sicht auf das einheitliche Wesen macht sich nicht von selbst, und das schon deshalb nicht, weil das sinnenfällige Aussehen von allem und jedem ja immer schon vor dem Blick steht. Dieses wird zunächst vom Menschen einfach an- und aufgenommen. Das Wesen öffnet sich jedoch erst dem, der sich der Frage freigibt, was dieses vielerlei Einzelne denn einheitlich sei. Im unaufhörlichen von dieser Frage geführten Besprechen und Durchsprechen des Einzelnen öffnet sich ein Durchblick auf das Eine und Selbe, das das Vielerlei *ist*. Die von Plato frei nachgezeichneten Dialoge des Sokrates haben den Kampf um die den Blick erst freigebende Frage nach dem Wassein und das den Durchblick eröffnende Durchsprechen aufbewahrt. Dieses Durchsprechen ist kein loses Hin- und Herreden, keine uferlose Diskussion, kein bloßer Meinungsaustausch, der sich mit der sanftmütigen Bezeichnung Toleranz schmückt, sondern ein Kampf, der zur Entscheidung stellt, was für den Menschen wesentlich und was unwesentlich ist, – ein Kampf, der Sokrates den Tod gebracht hat. Das fragende Durchsprechen hat es abgesehen auf die Umgrenzung dessen, was das einheitlich Bestimmende ist. Dieses wird durch solche Umgrenzung gefaßt und aufbewahrt.

„Denn dieses beides bezieht sich auf den bestimmenden Anfang des Wissens.“ (*Met.* XIII 4, 1078 b 29-30)

Wer bezüglich einer Sache etwas wissen will, der muß zuerst das in den Blick bekommen, *was* diese Sache selbst ist. Und dieser Blick für das Wassein der Sache steht uns nicht einfach zur Verfügung, sondern eröffnet sich erst im das Einzelne durchsprechenden Durchfragen nach dem, was die Sache selbst als solche ist.

„Aber Sokrates trennte das maßgeblich Bestimmende nicht ab und deshalb auch nicht die Wesensumgrenzungen. Jene aber [nämlich Plato und seine Anhänger] stellten es auf sich selbst und nannten das Seiende dieser Wesensart ‘Ideen’. Es ergab sich ihnen aber daraus, daß aus demselben Grunde von nahezu allem Ideen sind, was man in der Weise des 'überhaupt' anspricht." (*Met.* XIII 4, 1078 b 30-34)

Hier weist Aristoteles auf den Schritt hin, den Plato über Sokrates hinaus getan hat. Sokrates begrenzte sich auf das Bemühen, die vielerlei Einzelverhaltungen des Menschen einheitlich in dem zu begründen, was sie sind. Nicht aber hat er dem weiter nachgefragt, was dieses ständig gesuchte Wesen denn *ist*. Die Seinsart des Wesens selbst hat er nicht mehr in Frage gestellt. Plato sieht aber nun, daß das von Sokrates entdeckte Was ein Seiendes von einer ausgezeichneten Wesensart ist. Das den Sinnen sich Zeigende ist zwar nicht schlechthin nichts, aber es ist doch nicht das, was *ist*, das „ist" in einem streng verbindlichen Sinn genommen. Denn es war vormals nicht und verläßt auch wieder die Sphäre dessen, was ist, indem es ins Nichtsein dahinschwindet. Es *ist* das Seiende, das es ist, und ist es nicht. Eine Weile ist es das Seiende, aber dann ist es nicht das Seiende. Deshalb ist es nicht das in seiender Weise Seiende (*ontos on*). Nun ist aber eben das von Sokrates im Umkreis des *ethos* Erfragte von dieser Seinsart. Denn es hat den Charakter der allem Erscheinen und Verschwinden, also dem Werden entnommenen bleibenden Anwesenheit. Was Sokrates nach Plato daher im Grunde entdeckt hat, sind nicht nur die Standmöglichkeiten des Menschen innerhalb des Andrangs des Kommenden und Gehenden, sondern ist die Wesensart des Seienden überhaupt. Denn bei allem und jedem erweist sich das Was-es-ist als das, was *ist* und nur ist. Dieses vermögen wir freilich nur im Durchgang durch das vielerlei in den Sinnen sich zeigende Einzelne zu erblicken und zu erfassen, aber es geht nicht in der Beziehung zu dem einzelnen auf, sondern es besteht, da dem Werden entnommen, getrennt von diesem an sich selbst. Es ist das Selbst-Seiende.

Plato nennt dieses Seiende „Idee" (*idea*). Was besagt dieses aus der Umgangssprache ebenfalls bekannte Wort? *Idea* heißt wörtlich die Sicht. Was läßt diese Sicht sehen? Das, *was* das vielerlei Einzelne *ist*. Auch das sinnliche Vernehmen läßt sehen, aber nicht das, *was* das Vernommene einheitlich *ist*. Das sinnliche Vernehmen ist für sich sichtlos, da es das Vernommene nicht als das sieht, *was* es *ist*. Deshalb ist die Sicht des Wasseins die eigentliche Sicht, und deshalb nennt Plato die Ansicht, in welcher des Wassein sich zeigt, im betonten Sinne Sicht, „Idee". Das Hinblicken auf das Wassein ist aber zugleich ein Wegblicken von dem, was sich zunächst und ständig zeigt: das Jeweilige, das kommt und geht. Dieses Wegblikken muß immer mitvollzogen werden, damit das Hinblicken nicht von seiner Bahn abweicht, sondern sie innehält. Daß das Hinblicken immer auch ein Wegblicken ist, machen wir uns an folgendem Beispiel klar: Schön sind eine Blume, das Grün der Wiese, eine Landschaft, ein Mensch. Die vor uns stehende, blühende Blume ist schön, aber nicht als diese einzelne Blume. Denn auch eine hochgewachsene Tanne ist schön. Und wenn die Blume verwelkt, dann hört sie auf, schön zu sein, bleibt aber noch eine Blume. Um also die Blume in ihrer Schönheit zu sehen, muß ich eine Blickwendung vornehmen und auf ihr Schönes hinsehen. Das viele Einzelschöne ist also nicht als dieses Einzelne schön, sondern zufolge eines Einen und Selben, das über das vielerlei Schöne hinscheint und in dessen Scheinen das Einzelne als schön erscheint. Das Einzelschöne vermag niemals das Wesen des Schönen selbst, sondern es ist immer nur der Schein des Schönen, d.h. nicht trügerischer Schein, sondern vom Scheinen des Schönen beschienen. Das Schöne zeigt sich in seinem Schönsein also nicht in einem einfachen Daraufhinsehen auf das Einzelne. – Denn man sieht immer nur Blumen, Bäume, Menschen, aber nicht das Schöne an ihnen, – sondern es bedarf jeweils auch einer Wendung des Blicks, wenn die Schönheit in die Sicht kommen soll.

Diese Blickwendung macht Plato öfter dort klar, wo sie ganz einfach und am vordringlichsten ist, am Mathematischen, besonders an den Zahlen. Zwei Menschen haben dieselbe dunkle Hautfarbe. Dann sind sie beide zusammen von dunkler Hautfarbe, und jeder von ihnen ist es für sich auch. Aber diese beiden Menschen sind zusammen zwei, nicht aber ist jeder von ihnen für sich auch zwei. Um sie also als zwei zu sehen, muß man von ihnen als Einzelnen zugleich wegsehen und auf das hinsehen, was sie gemeinsam und nur in Gemeinsamkeit sind: eben zwei. Ebenso muß ich, um das in die Sicht zu bekommen, was das Einzelschöne als Schönes ist, nicht bei ihm als Einzelnem verharren, sondern muß gerade auf das Eine hinsehen, was das vielerlei Schöne gemeinsam ist. Das Einzelschöne ist an der Schönheit nur beteiligt (*metechein*) und ist zufolge dieses Beteiligtseins schön. Oder das Einzelschöne ist nicht *das* Schöne selbst, sondern dieses ist nur eine Weile in dem Einzelschönen gegenwärtig (*eneinai*) und läßt es aus solcher Mitgegenwart eine Weile schön sein. Das Schöne selbst, das in allem Einzelschönen in all seiner Verschiedenheit und Veränderung das Selbe bleibt, ist das, was eigentlich schön *ist*, weil es von keinem Nicht angetastet wird. Es erfüllt das Schönsein uneingeschränkt. Haben wir dies erfaßt, dann wissen wir auch, inwiefern dieses und jenes Einzelne schön ist. Es ist der einheitliche Grund für alles Schöne.

Wenn nun die Idee die Art des Seienden als eines solchen selbst ist, dann ist es unausweichlich, für alles, was auf ein Gemeinsames, Einheitliches, also auf sein Wassein hin, angesprochen und angesehen werden kann, Ideen anzusetzen, die daher den bleibenden Seinsbestand alles Seienden ausmachen.

Der Schritt, den Plato über Sokrates hinaustut, besteht mithin darin: Er erkennt in dem von Sokrates im Bereich des Menschseins Entdeckten, dem Wassein der *aretai*, die Art des eigentlich Seienden als solchen. Diese nennt er Sicht im betonten Sinne des Wortes, weil durch sie das, was *ist*, erst in die Sicht kommt. Denn das, *was* etwas ist, ist bei allem, was ist, das eigentlich Seiende, nämlich das Bleibende und immer Selbe. Nur bei diesem kann der Mensch den Stand gewinnen. Sofern daher der Mensch in seinem Wesen dadurch bestimmt ist, daß er in den offenen Umkreis des Seienden im ganzen einbezogen ist, erlangt er seinen Wesensstand erst im Hinübergehen aus dem Bereich, in dem das Seiende sich zunächst zeigt, in den anderen, wo das Seiende wesentlich, als Seiendes anwesend ist. Sofern aber doch der Mensch selbst nur als der im Übergang Weilende existiert, wird er den wissenden Bezug zu dem in Wahrheit, weil ständig Seienden nur im unablässigen Hinübergehen und durch das Sichhalten in ihm erlangen.

So hat uns eine kurze Erläuterung der entscheidenden Stelle des Aristoteles in Platos Philosophie hineingeführt. Vielleicht sind wir jetzt imstande, den Versuch zu unternehmen, es mit Platos Denken selbst aufzunehmen.

1. Kapitel: Das Sonnen- und Liniengleichnis im *Staat*

a) Das Sonnengleichnis. Der Aufriß des Seienden im ganzen

Wir beginnen ohne weitere Umschweife mit dem berühmten Sonnengleichnis des VI. Buches des *Staates* (505-511 d 5). Die Gesprächspartner dieses Teils des umfänglichen Dialogs sind Sokrates und Glaukon. Das Gespräch ist ein fortgesetztes Frage- und Antwortspiel.

Das Thema ist das höchste *mathema (megiston mathema),* als das die Sicht des Guten (*idea tou agathou*) genannt wird. Nach diesem wird gefragt. Das Gute (*agathon*) meint hier aber noch nicht das moralisch Gute, das deshalb gut ist, weil es dem Sittengesetz gemäß ist, sondern muß in einer weiten, aber deshalb nicht etwa vagen Bedeutung genommen werden. Das Gute ist das, was für etwas gut steht, was einer Sache ihr Bestehen verbürgt. Gut ist das zum Sein Taugliche und Tauglichmachende. Gut ist ein Schuh, wenn er zum Gehen taugt, d.h. wenn er aus zähem und doch biegsamem Leder besteht und fest verschnürt ist, so daß er hält. Gut ist ein Schuster, wenn er solche Schuhe anfertigen kann. Gut ist ein Stuhl, der nicht umfällt oder zusammenkracht, wenn man sich darauf setzt. Gut ist aber auch ein Mensch, der für sich gut sagen kann, so daß man im Wechsel der Situationen auf ihn bauen kann, oder der in der Gefahr standhält. Um es in unserer Sprache zu sagen: Gut ist das, woran etwas ist.

Dieses Gute nennt Plato das höchste *mathema*. Dieses Wort meint auch nicht den mathematischen Gegenstand, sondern nennt das, was vor allem erkenntnismäßigen und praktischen Umgang mit Seiendem und für ihn schon bekannt, wenngleich deshalb nicht erkannt ist. *Mathema* ist das im vorhinein schon Bekannte, erst zur

Erkenntnis zu Bringende. Und das zunächst Bekannte ist nach Plato das Gute, das deshalb die erste und durchgängig leitende Hinsicht für all unser Tun und Lassen ist. In der Tat: Jede Art von Umgang mit jedwedem Seienden stellt dieses unter die Hinsicht, ob etwas an ihm ist, ob es zu etwas taugt, d.h. zu etwas gut ist. Ohne diese Sicht wäre unser Weltverhalten sicht- und führungslos. Aber diesem Vorweg-schon-Bekanntsein entspricht in seltsamer Weise eine Unfähigkeit zu sagen, was dieses immer schon Bekannte sei, das unser gesamtes Weltverhalten leitet. Wie wollen wir aber in sachgegründeter Weise erkennen, ob dies oder jenes, womit wir umgehen, gut ist, wenn wir nicht zuvor ein Wissen von dem erlangt haben, was das Gute überhaupt ist. Wir wissen eine Sache erst, wenn wir wissen, was an ihr ist, und wir trachten danach, uns mit dem zu umgeben und das zu besitzen, an dem etwas ist. Was aber ist das, was an einer Sache sein muß, damit an ihr etwas ist? Was ist das, was in dieser Weise für eine Sache überhaupt gut steht? Der fraglos bestimmenden Maßgeblichkeit der Sicht auf das Gute entspricht eine seltsame Undurchsichtigkeit. Das Gute erweist sich als ein bei jedem Verhalten zu Seiendem Maßgebliches, das in seinem Wesen gleichwohl undurchsichtig ist. Das Gegenwort zu *agathon* ist das *kakon*, das Schlechte im Sinne dessen, woran nichts ist, was nichts taugt und untauglich macht. Wenn aber das Gute in seinem Wesen undurchsichtig bleibt, muß auch das, was nichts taugt, im Dunkel bleiben, daher auch das Verderbliche. Wie vermöchten wir aber in unserem Tun und Lassen das Gute, wenn nicht zuvor bedacht ist, was es selbst in seinem Wesen sei?

Nun ist das Gute nicht völlig unbekannt. Im Gegenteil, all unser Verhalten ist ja von seinem Hinblick geleitet. Deshalb spricht sich der Mensch auch immer schon über es aus. Dabei bleibt es fraglich, ob diese Selbstauslegung des Menschen das angemessen trifft, was ihn faktisch in seinen Bestrebungen leitet. Diese immer schon bestehende Selbstauslegung des Menschen läßt sich, wenn man sie beim Wort nimmt, auf zwei Ansichten zurückführen: die der Vielen und die der Wenigen. „Die Vielen" (*hoi polloi*) bedeutet nicht zuerst die der Zahl nach Vielen, sondern kennzeichnet die Menschen, wie sie zumeist sind. Und die Menschen, wie sie zumeist sind, sind auch der Zahl nach am meisten.

Die Menschen, wie sie zumeist sind, erklären das für das Gute, wozu sie Lust und Neigung (*hedone*) haben. Und das kann das Allerverschiedenste sein. Lust ist eine Weise des Sichbefindens angesichts der Gegenwart von etwas, dergestalt, daß der Mensch in die jeweilige Gegenwart aufgeht. Weil sie den Menschen aus Vergangenheit und Zukunft in die jeweilige Gegenwart hineinnimmt, eignet der Lust ein Erfüllungscharakter. Dieser ist es, der den Menschen in der Lust das Gute erblicken läßt. Die Lust kann den Menschen fördern, ihn beschwingen und gedeihen lassen, und was wir nicht mit Lust tun, gedeiht uns nicht. – Aber es gibt auch Arten von Lust, die unzuträglich, ja verderblich sind. Diese Arten der Lust wären dann etwas Schein-Gutes: Schein-*Gutes*, weil auch ihnen ein momentaner Erfüllungscharakter eignet, aber *Schein*-Gutes, weil sie auf das Ganze des Lebens gesehen verderblich sind. Also gerade das alltägliche Selbstverständnis des Menschen bemißt die Lust nach den Hinsichten von „gut" und „schlecht" und macht so von einem „Maßstab" Gebrauch, der gerade zur Frage steht. Wenn sich also die Menschen, wie sie zumeist sind, auf das berufen, wozu sie Lust haben, dann überdecken sie den Unterschied, von dem sie doch immer schon Gebrauch machen, ohne ihn in seinem Wesen zu kennen. Plato zeigt also: Es ist nicht so, daß die Menschen zumeist einfach der Lust nachjagen, wie ihre unzureichende Selbstaussage glauben machen möchte. Sondern – mögen sie auch immerhin auf Lustbringendes aus sein und mag ihr leitender Hinblick auch die bloße Gegenwärtigkeit des Sich-Wohlbefindens sein – sie haben immer schon dieses Erstrebte in die Unterscheidungshinsicht von gut und schlecht, bekömmlich und unbekömmlich, zuträglich und verderblich gestellt.

Diese immer schon bereitstehende Antwort erweist sich als zu grob, weil sie die Hinsicht überdeckt, auf die hin gerade auch die Lust unterschieden wird.

Demgegenüber steht nun die Ansicht der Wenigen, die der Besinnung fähig sind. Und das sind immer die Wenigen. Sie sagen: Nicht die bloße Annehmlichkeit des Sichbefindens angesichts der Gegenwart von etwas ist das Gute, sondern der *Einblick* in das, was es mit den Dingen und Menschen jeweils auf sich hat. Das, worauf es ankommt, ist die Einsicht (*phronesis*), und sie muß der Mensch in sich wecken und entfalten, wenn er als Mensch gedeihen soll. Die

Einsicht ist aber in sich Rückblick und Voraussicht. Plato greift diese Antwort nicht an, er fragt nur: Einblick worin? Einsicht wovon? Besinnung worauf? Die Antwort kann nur lauten: Einblick in das, was an der jeweiligen Sache dran ist, wozu sie taugt, d.h. gut ist. Einsicht ist wesenhaft Einsicht in das, was an einer Sache *ist*, also in das Gute. Das aber stand gerade in Hinsicht darauf zur Frage, was es sei. Die Antwort, das Gute sei die Einsicht, setzt also die Frage als schon beantwortet voraus. Diese Wenigen sagen im Grunde: Das Gute ist die Einsicht in das Gute. Wir aber verlangten gerade zu wissen, was dieses Gute sei. Wohl aber könnte es sein, daß das Gute Sache der Einsicht ist.

Wenn aber weder die Meisten noch die Nachdenklichen eine zureichende Antwort geben können, sollte man dann nicht das Gute in seiner undurchsichtigen Maßgeblichkeit einfach stehen lassen? Geht denn das Leben nicht auch weiter ohne ein verbindliches Wissen von dem, was das Gute sei? Nein: Denn in Ansehung dieses das Leben im ganzen leitenden Hinblicks bleibt alle Gleichgültigkeit vergeblich. Das zeigt Plato genauer: Die Menschen halten sich gemeinhin an das, was als gerecht oder als schön erscheint, hinsichtlich des Guten dagegen sind sie auf das aus, was gut *ist*. Plato stellt hier das, was erscheint, dem gegenüber, was ist (*ta dokounta – ta onta*). *Ta dokounta* sind nicht bloße Erscheinungen im Unterschied zur Sache an sich, sondern es sind gerade die Sachen selbst als die uns erscheinenden, so jedoch, daß ich sie für das halte, als was und wie sie sich uns zeigen. In *ta dokounta* liegt immer der Rückbezug auf den hin mit, der das Sich-Zeigende für das hält, als was es sich zeigt. Man glaubt, was schön ist, das hat immer schon ein öffentliches Aussehen und Ansehen und gilt deshalb als ausgemacht. Auf Grund seines herrschenden Ansehens, in dem es steht, wird es von den Menschen zumeist fraglos an- und aufgenommen, ohne weitere Prüfung, ob es denn das, als was es angesehen wird, auch *ist*. Plato meint nicht etwa, die meisten Menschen trieben sich ständig im nichtigen Schein herum, wohl aber lassen sie zumeist unentschieden, ob das, was sie als gerecht ansehen, auch gerecht ist. So halten sie es mit allem, was sie angeht, indem sie sich an das öffentliche Ansehen halten, in dem etwas steht - mit Ausnahme des Guten. Keiner begnügt sich mit dem Anschein einer zurückerstatteten Schuldbegleichung oder der Gesundheit oder des Wohlstandes oder des beruflichen Fortkommens. Bei allem, was zu etwas gut ist und für etwas gut steht, drängt der Mensch darauf, daß es gut *sei*. Er kann sich freilich oft genug irren, aber er bleibt ständig auf der Suche danach und begnügt sich nicht mit dem bloßen Anschein und Aussehen. Das faktische Leben in seiner Alltäglichkeit und Durchschnittlichkeit bezeugt die Maßgeblichkeit des Guten in allem Tun und Lassen. Deshalb bleibt es vergeblich, bezüglich der Frage, was das Gute sei, sich gleichgültig zu verhalten und es beim bloßen Anschein bewenden zu lassen. Diese Frage, was das Gute denn sei, drängt sich dem Menschen von sich her auf.

Es ist auch nicht damit getan, den Menschen an die Befolgung der Gerechtigkeit, der Besonnenheit, der Tapferkeit einfach zu verweisen. Denn weshalb sollte sich der Mensch ihnen verbinden – es sei denn, daß sie eben für sein Menschsein gut stehen. Ohne die Sicht dafür, daß und inwiefern ein gerechtes Verhalten das Menschsein erst gedeihen läßt, bleibt die Anweisung zur Befolgung der Gerechtigkeit unverbindlich. Warum Gerechtigkeit? Weshalb nicht lieber Ungerechtigkeit? Weil ohne sie der Mensch in seinem Menschsein nicht glückt, sondern entartet, weil sie also etwas Gutes ist. Aber was ist die Gerechtigkeit, insofern sie gut steht für den Menschen? Dieses Gutsein macht gerade ihr Wesen aus. Deshalb bleibt auch das, was gerecht ist, solange unbegriffen, als sie nicht in ihrem Gutsein für das Menschsein erfaßt ist. Die Sicht auf das Gute läßt erst die Gerechtigkeit in ihrer Gedeihlichkeit für das Menschsein, d.h. den Grundzug ihres Wesens erkennen. Das heißt nun aber nicht etwa, daß die Gerechtigkeit bezüglich ihres bloßen Nutzens verrechnet wird. Das Gerechte ist als das Gerechte und nicht erst um der Folgen willen etwas Gutes. Die Frage ist nun: Inwiefern ist das Gerechte in seinem eigenen Wesen etwas Gutes?

Das erfordert zuvor die Beantwortung der Frage: Was ist das Gute? Wie soll und wie kann es gefaßt werden? Bekundet sich am Ende in dem Versagen der Meisten und der Wenigen gar die Unfaßlichkeit des Guten? Beruht dieses Versagen vielleicht gar nicht *allein* auf Fehlern und Mängeln ihres Denkens, die beseitigt werden könnten, sondern kommt darin etwas Wesenhaftes zum Vorschein: die Unfaßlichkeit des Guten? Und wenn es so steht, gilt es dann nicht, diese Unfaßlichkeit von vornherein in den Blick zu nehmen, damit dieser sich nicht am Guten versieht? Dann kann es nicht darum gehen, an die Stelle der beiden Ansichten der Vielen und der Wenigen die richtige zu stellen, sondern darum, die Unfaßlichkeit erst einmal in den Blick zu nehmen und vor ihr auszuhalten. Denn ein Ausweichen gibt es nicht mehr, sobald wir gesehen haben, daß das Gute erst dem Menschen verbürgt, das sein zu können, was er ist.

Glaukon freilich – und wir mit ihm – richtet an Sokrates noch die Frage, was denn *seiner* Ansicht nach das Gute sei. Er will also doch wenigstens auch die Ansicht des Sokrates hören – so wie wir immer geneigt sind, wenn uns jemand vor eine wesentliche Frage gebracht hat, an ihr vorbeizukommen, indem wir uns nach seiner Ansicht erkundigen. „Nun sagen Sie uns doch einmal, wie Sie darüber denken." Wenn dann die Gegenfrage kommt: „Weshalb wollen Sie das wissen?" – kommt die Antwort: „Es wäre doch interessant, einmal Ihre Ansicht darüber zu hören." Ja, das ist interessant, wie alles, was einen Augenblick unsere schweifende Neugier fesselt. Sokrates weist diese Frageart auf eine bündige Weise ab: Im Bereich der Frage nach dem Sein einer Sache mit *Ansichten* antworten, heißt, als Nicht-*Wissender* wie ein Wissender sprechen. Und als Glaukon einwendet, das könne dadurch vermieden werden, daß er seine Ansicht eben als bloße Ansicht ausgebe, antwortet Sokrates, daß eine bloße Ansicht sichtlos sei, da sie ja nicht sieht, *was* die Sache *ist.* Und auf Sichtloses hinsehen, heißt: ins Trübe und Dunkle sehen. Wer auf bloße Ansichten sieht, trübt sein Sehen, verdirbt sich selbst sein Denken.

Aber nun zeigt sich, daß Glaukon nicht zu den Vielen gehört. Denn er richtet an Sokrates die Aufforderung, von der Sache nicht abzustehen, sondern bei ihr auszuharren, eine Aufforderung, deren Sokrates freilich nicht erst bedarf. Wohl aber setzt ihn die Fragebereitschaft des Mitunterredners in den Stand, im Gleichnis etwas vom Guten zu sagen. Es ist das bekannte Sonnengleichnis, die Philosophie Platos selbst, die er gleichwohl Sokrates vortragen läßt, weil eben die Frageintention des Sokrates auf das ging, was Plato als das wahrhaft, weil in bleibender Anwesenheit bestehende Seiende erkannt hat.

Gleichnisse treten bei Plato immer auf, wenn er erstmals Gesichtetes zu fassen versucht. Wenn aber wie hier ein Gesichtetes unfaßbar *bleibt*, dann kann auch niemals an die Stelle des Gleichnisses unmittelbar die Sache selbst treten. Ein Gleichnis wird dem Bereich des Bekannten entnommen, so jedoch, daß dieses Zeigende selbst in ein neues Licht rückt. Gleichnisse wollen gedeutet sein. Ihre Deutbarkeit empfangen sie aber von dem her, was sie durch ihr Zeigen in seinem Wesen zum Erscheinen bringen. Wenn dieses jedoch nur so offenkundig wird, daß es in seinem Erscheinen auch unfaßbar bleibt, dann ist das Gleichnis notwendig. Das Gleichnis, das das Wesen des Guten aufhellt, ist aber noch von besonderer Art. Die Sonne, die für das Gute steht, ist selbst ein Sprößling (*ekgonos*) des Guten, d.h. von der Wesensart des Guten selbst. Das wird jedoch erst durch das Gleichnis offenbar. Schließlich ist noch daran zu erinnern, daß ein Gleichnis nur dem etwas zeigt, der von der zu klärenden Sache angegangen ist, also hier von der Rätselhaftigkeit des Guten betroffen und dem es zur unausweichlichen Frage geworden ist. Sonst nimmt man das Gleichnis eben nur als eine Ansicht Platos, als etwas zur Kenntnis, das einen weiter nichts anzugehen scheint.

Sokrates erinnert zunächst an die uns bereits vertraute Grundunterscheidung: das viele Einzelschöne und Einzelgute einerseits, das, was dieses Viele einheitlich ist, die Idee des Schönen und die Idee des Guten, die Sicht des Wasseins andererseits.

Das viele Einzelne zeigt sich dem Sehen durch das Auge, das Eine und Selbe dessen, was das Schöne ist, wird in einem unsinnlichen Sehen vernommen. Dieses unsinnliche Sehen nennt Plato *noein*. *Noein* heißt: eine Sache in der ihr wesentlichen Hinsicht fassen und festhalten. Etwa: Ich sehe in der Ferne einen Menschen auf mich zukommen. Ich schaue hin und bemerke, daß es ein Freund von mir ist. Das Fassen von etwas in seiner wesentlichen Bewandtnis heißt *noein*, vernehmen – im Doppelsinn des Wortes: etwas auf seine wesentliche Hinsicht vornehmen und es so als das hinnehmen, was mit ihm ist. Jedwedes begegnet aber dann in der ihm wesentlichen Hinsicht, wenn es in dem gefaßt wird, *was* es *ist*, also in seiner Idee. Denn dann wird es in seinem *Sein* erfaßt. Darum nennt Plato das Fassen der Ideen *noein*. Das Vernehmende heißt *nous* – Vernunft. Noch Kant bestimmt die Vernunft als das Vermögen der Ideen. *Noein* ist das griechische Grundwort für *Denken*, und das im Denken Gedachte heißt *noeton*.

Das vielerlei Einzelne ist uns zugänglich durch den Gesichtssinn (*opsis*), das Gehör, das Getast. Gleichwohl hat der Gesichtssinn unter den übrigen Sinnen einen Vorrang: Ihm bezeugen sich die Dinge in ihrem Aussehen. In ihrem Aussehen erscheinen die Dinge selbst. Dem Gehör dagegen *bekundet* sich nur die Anwesenheit von etwas in seinem gegenwärtigen Verhalten, ohne daß das Sichbekundende selbst hervortritt, sich zeigt. Vollends erfahren wir durch das Getast nur gewisse dynamische Beschaffenheiten der Dinge, in denen sich weder etwas bezeugt noch auch etwas bekundet. Daher kann Plato den Unterschied des vielen Einzelnen und der einen und selben Idee auch als den zwischen dem Sichtbaren und dem unsinnlich Vernehmbaren fassen.

Im Auge wohnt ein Vermögen, die Dinge in ihrem Aussehen erscheinen zu lassen, darin sie sich selbst bezeugen. Dieser sinnliche Anblick hat seinen Bestand in der Farbe. In seinem Aussehen ist ein Ding gegenwärtig, anwesend, selbst präsent. Das im Auge wohnende Sehen ist ein Vermögen der Präsentation der Dinge. Darin beruht der Vorrang des Sehens vor den anderen Sinnen. Sehen ist ein Vermögen der Präsentation der Dinge. Man sollte daher meinen, daß wir deshalb die Dinge in ihrem Aussehen erscheinen lassen können, sofern wir es wollen. Dem ist aber nicht so. Wenn kein Licht da ist, vermag weder das Sehvermögen die Dinge zu präsentieren, noch vermögen diese in die Gegenwart ihres Sichzeigens zu gelangen. Ohne das Licht zeigen sich die Dinge nicht und vermag das Sehen nichts zum Erscheinen zu bringen. Also ist das Auge zwar das Vermögen des Sehens, nicht aber seine Ermöglichung. Und ebenso haben die Dinge als farbige zwar das Vermögen, sich zu zeigen, ohne daß sie von sich her dazu imstande sind. Das Sehenkönnen des Auges und das Sichzeigenkönnen der Dinge gehören aber wesenhaft zusammen und in eins. Denn ein Sehenkönnen ist nur in Bezug auf das Erscheinenkönnen der Dinge. Und dieses wiederum ist in sich bezogen auf ein Sehen, in dem die Dinge in ihrem Aussehen sich zeigen. Was aber beide in eines befaßt und dem Gesichtssinn das Sehen, dem Sichtbaren die Sichtbarkeit ermöglicht, ist das Licht. Plato nennt daher das Licht das Joch, das Gesichtssinn und Sichtbares zusammenspannt. Das Wort Joch (*zygon*) ist mit Absicht von Plato gewählt. Ein Joch verbindet zwei Zugtiere miteinander, daß sie eine gemeinsame und in ihrer Gemeinsamkeit *einheitliche* Leistung verrichten. Zu dieser Leistung wären sie getrennt nicht imstande. Das Joch nimmt beide zu einer einheitlichen Aufgabe in den

Dienst. Das Joch jedoch, das Gesichtssinn und Sichtbares zusammenspannt, das Licht, ermöglicht beiden nicht nur eine höhere Leistung, sondern ermöglicht ihnen erst, ihr Eigenes zu vermögen. Gesichtssinn und Sichtbares sind, was sie sind, nur zufolge ihres Ineinsbefaßtseins durch das Licht. Deshalb kommt auch das Licht nicht erst als ein äußeres Band zu den beiden hinzu, sondern es eint sie im vorhinein, so daß sie aus dieser Einigung erst das Ihrige in Gemeinsamkeit vermögen.

Was ist das Licht? Das Licht hat den Grundcharakter des Hindurch. Es ist das, was den Blick hindurchläßt und in eins auch die Dinge in ihr Erscheinen freigibt, im Gegensatz zum Dunklen, dem Undurchlässigen. Das Licht ist das Durch-sichtige, das das Sehen erst Hindurchlassende. Licht ist das, wohindurch wir sehen. Durchsichtig ist zwar auch Glas, Wasser, aber in einem anderen Sinne. Denn sie sind nicht durchsichtig ohne das Licht, d.h. nicht durchsichtig an ihnen selbst. Das Licht aber läßt den Blick hindurch und läßt ineins damit die Dinge in die Gegenwart ihres Aussehens gelangen. Es ist das an ihm selbst Durchsichtige. Das Licht erleuchtet das Auge und bescheint zugleich die Dinge, so daß sie erscheinen können. Die Offenheit des Auges für das Aussehen der Dinge und die Offenbarkeit der Dinge in ihrem Aussehen sind das Eine und Selbe: das Licht.

Das Licht aber ist der Schein der Sonne. Die Sonne scheint. Sie erleuchtet das Auge und bescheint die Dinge zu ihrem Erscheinen. In diesem Schein erscheint auch sie selbst. Als was? Einzig als das Scheinende, d.h. das die Helle Gewährende. Darum ist das Licht der Sonne von ihr selbst her zu eigen. Sie ist die Herrin des Lichts, also die Ursache des Lichts. Wie ist der Gesichtssinn der Herrin des Lichtes, der Sonne, zugeartet?

Der Gesichtssinn läßt zwar die Dinge in ihrem Aussehen erscheinen, aber er ist nicht die Sonne, noch ist das Auge, mittels dessen wir sehen, die Sonne. Wohl aber, sagt Plato, ist das Auge von allen Sinnen das Sonnenhafteste (*helioeidestaton*). Was heißt das? Das Auge empfängt von der Sonne das Licht. In diesem Licht wird das Auge zu einem Sehenden und werden die Dinge sichtbar. Wir sehen nicht schon deshalb, weil wir Augen haben, sondern weil das Auge der Sonne zugeartet ist, daß es das von ihr gewährte Licht aufnehmen und bei sich einlassen kann, in welchem Licht das Auge sehend und die Dinge sichtbar werden. Das Auge vermag aber das Licht der Sonne nur deshalb bei sich einzulassen, weil es ein Vermögen der wesenhaften Zugehörigkeit zur Sonne besitzt, weil es aus der Sonne, dem scheinend Bescheinenden, seine Wesensherkunft hat, also selbst sonnenhaft ist. Dem Auge wohnt das Vermögen bei, die Dinge zum Erscheinen zu bringen: der Gesichtssinn. Kraft dieses Vermögens verfügt es vorgängig über den Umkreis, innerhalb dessen Sichtbares sich zeigen kann. Aber dieses Vermögen hat es nicht aus sich selbst, sondern es ist ihm von der Sonne gewährt. Das Auge sieht als ein von der Sonne zum Sehen Ermöglichtes.

Die Sonne ist nicht der Gesichtssinn und das Sehen, sondern, indem sie das Auge erleuchtet, bringt sie Sehen und Sichtbarkeit erst hervor. Und im Umkreis des von ihr hervorgebrachten Sehens und der Sichtbarkeit kann sie selbst gesehen werden und in die Sicht kommen. Die Sonne also läßt den Bereich des Sehens und der Sichtbarkeit erst auf- und hervorgehen und wird dadurch allererst selbst sichtbar. Aber als was und wie wird sie in dem aus ihr hervorgegangenen Sichtbereich sichtbar? Nicht als ein Einzelsichtbares unter anderen, sondern als dieses Sichtbarkeit und Sehen erst Aufgehenlassende. Deshalb kann das Auge die Sonne nicht unmittelbar erblicken, nicht allein wegen des Übermaßes an Lichtfülle, die das Auge nicht zu fassen vermag, sondern weil in der unmittelbaren Zuwendung zu ihr das Sichtvermögen in seinen Grund zurückgeht, das Auge also verläßt, so daß dieses erblindet. Die Sonne, das Sehen und Sichtbarkeit Gewährende, kann deshalb niemals gesondert für sich, sondern immer nur vom Umkreis des Sichtbaren her und auf ihn hin gesehen werden.

Die Sonne ist ein Gleichnis des Guten. Sie dient nicht etwa nur zur Verdeutlichung als Gleichnis, sondern sie nimmt im Bereich des Sichtbaren dieselbe Stelle ein, die im Bereich des unsinnlich Vernehmbaren die Idee des Guten innehält. Das würde also besagen: So wie die Sonne im Bereich des Sichtbaren erst Sehen und Auge und das Aussehen der Dinge in eins und zumal hervorgehen läßt, so gewährt das Gute im Bereich des unsinnlich Vernehmbaren das Sehen dessen, was etwas ist, also das Denken, und diesem die Gesichtetheit, also seine Erkennbarkeit.

Das Wesen des Guten wird von Plato im folgenden aufgehellt in fortgesetzter Entsprechung zur Sonne. Um für die folgende Erörterung einen Anhalt am Anschaulichen zu haben, verdeutlichen wir uns diese Entsprechung an einem Schema. Dieses nimmt uns nicht das Denken ab, sondern soll ihm zur Stütze dienen.

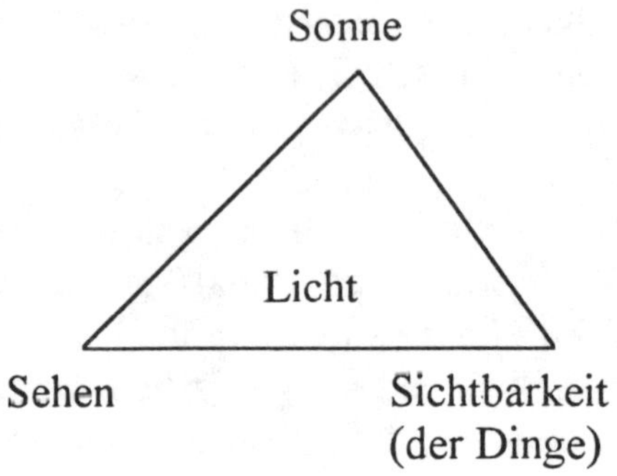

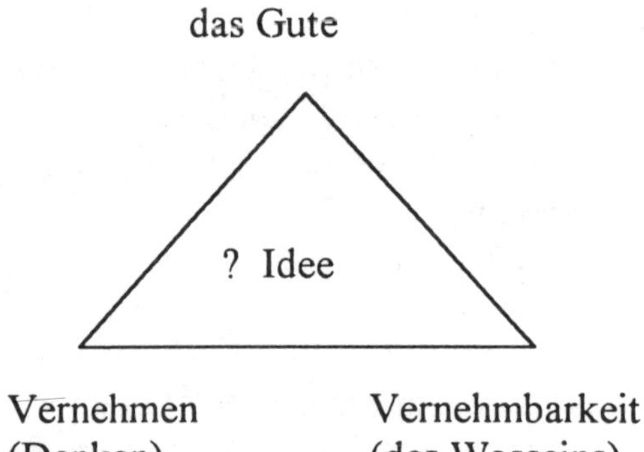

Die Sonne, das Scheinende, gewährt dem Auge das Sehenkönnen und dem Sichtbaren die Sichtbarkeit. Das Gute ermöglicht der Seele das Vernehmenkönnen, also Denken (des Wasseins) und dem Wassein die Vernehmbarkeit, die Denkbarkeit.

Was aber ist in der Entsprechung das Licht? Das haben wir eben selbst zu finden. Das Licht läßt den Blick hindurch. Es ist das Durch-sichtige. Es ermöglicht aber zugleich dem Erscheinenden das Erscheinen. Was aber die Durchsicht auf das Wassein gibt und dieses in die Sicht bringt, ist eben die Idee. Durchlässigkeit für das Sehen, das Wesen des Lichtes, ist das Wesen der Idee. Denn sie läßt das sehen, was eigentlich ist, und darum eigentlich sehen. Sehen im eigentlichen Sinne wird erst möglich im Licht der Idee. Sie läßt durch sich hindurch das Seiende erst als das Seiende sehen, das es ist. Deshalb sagen wir: „Es geht mir ein Licht auf." Das meint: Jetzt habe ich einen Sachverhalt erst erkannt, obgleich ich ihn schon lange kannte.

Die Idee läßt durch sich das Seiende in seinem Wassein sehen. Die Offenbarkeit des Seienden in seinem Sein ist die Wahrheit (*aletheia*). Das, *was* etwas ist, ist das in Beständigkeit Anwesende, also das Seiende im eigentlichen Sinne. Die Ideen sind daher die Sicht, in der das Seiende in seiner Wahrheit und in seinem Sein sich zeigt. Wenn sich die Augen dem Dunkel zuwenden, scheint kein Sehvermögen in ihnen zu wohnen. Wenn sie sich dagegen an das halten, worauf der Schein der Sonne liegt, dann zeigt sich erst das Sehvermögen. Ebenso: Wenn sich die Seele an die Ideen hält, in deren Licht das Seiende selbst sich zeigt, dann waltet in ihr Vernehmen und Erkennen dessen, was *ist*. Wenn sie dagegen bei dem sich aufhält, was erscheint und verschwindet, dann sieht sie das Seiende bald so, bald anders an. Sie bewegt sich in bloßen Ansichten und nimmt einmal dieses, ein andermal ein anderes an. Der Mensch schwankt unfest hin und her. So wie der Schein der Sonne die Dinge in die festen Grenzen ihres sinnlichen Aussehens stellt, so läßt die Idee das Seiende in dem klaren Wesensumriß erscheinen. Indem das denkende Sehen (*noein*) sich an den festen Grenzen des Seienden festmacht, erlangt der Mensch inmitten des Andrangs des Kommens und Gehens das Feste eines Weltbezugs. Was aber nun das Licht der Ideen gewährt, in dem das Seiende in seinen Wesensumrissen offen zutage liegt, das ist die Idee des Guten. Wir müssen fragen: Weshalb erfüllt sich für Plato in diesem höchsten Sichtgewährenden das Wesen des Guten?

Im Bereich des Sichtbaren ist die Sonne als die Lichtspenderin das Sichtgebende. Sie gibt die Sicht, indem sie im Auge das Sehen und den gesamten Umkreis der Sichtbarkeit der Dinge erst aufgehen läßt. In diesem von ihr selbst hervorgebrachten Bereich wird sie selbst als der Grund des Sehens und aller Sichtbarkeit *sichtbar*. Ebenso: Im Licht der Ideen zeigt sich erst das Seiende in seinem Sein und waltet in der Seele des Menschen das erkennende Vernehmen, die *Vernunft*. Was aber dem Seienden die Offenbarkeit und der Seele das denkende Vernehmen gewährt, erscheint in diesem Bereich selbst als ein Sichtbares, also als eine Idee, jedoch nicht als eine unter anderen, sondern als das, was die Ideen erst ermöglicht. Wie die Sonne, die den Umkreis der Sichtbarkeit erst bildet und umgrenzt, in diesem Umkreis selbst sichtbar wird, so kommt auch jenes, was die Idee und das Vernehmen erst ermöglicht, in diesem von ihm hervorgebrachten Bereich selbst in die Sicht und ist deshalb selbst eine *Idee*, und zwar die höchste. Weshalb aber ist für Plato diese höchste Sicht das Gute?

Das ist jetzt leicht zu begreifen. Sie gewährt die Sicht, in der das Seiende in den festen Grenzen seines Wesens erscheint, und ermöglicht der Seele des Menschen das Vernehmen des Seienden, d.h. die Festigkeit des Wesensblicks. Sie ermöglicht überhaupt erst inmitten des Fortrisses des Kommens und Gehens so etwas wie Halt, Bestand und Beständigkeit. Das Haltende, das Halt gibt, das Ständige und Beständige ist das zum Sein Befähigende, etwas Gutes. Was aber Bestand und Beständigkeit überhaupt erst ermöglicht, ist darum *das* Gute selbst. Und so erfüllt sich in dem zuoberst Sichtgebenden das Wesen des Guten selbst. Weil die Sicht, die überhaupt erst Sichten gewährt, für die Standfestigkeit des Menschen gutsteht, deshalb nennt Plato sie das Gute. Weil das Gute aber selbst von der Wesensart der Idee ist, heißt sie Idee des Guten.

Die Sonne ist nicht das Sehen und nicht die Sichtbarkeit der Dinge, sondern sie bescheint die Dinge zu ihrem Erscheinen. Weil aber das Auge das Licht bei sich einlassen kann, deshalb kann es das im Licht erscheinende Aussehen der Dinge sehen. Ebenso: Die Vernunft, die das Seiende in seinem Sein vernimmt, ist nicht schon das Gute selbst. Und auch die Offenbarkeit des Seienden ist nicht das Gute, sondern das Gute spendet erst das Licht, in dem das Seiende in seinem Wesen erscheint. Weil aber die Vernunft dieses Seiendes erst aufhellende Licht bei sich einlassen kann, deshalb vermag sie das bleibende Wesen der Dinge zu vernehmen. Das Auge ist nicht die Sonne, sondern sonnenhaft, und ebenso die Sichtbarkeit der Dinge. Entsprechend: Die Vernunft ist nicht das Gute, sondern zufolge der Empfänglichkeit für seine Sicht guthaft (*agathoeides*). Und die Wahrheit, die Offenbarkeit des Seienden in seinem Sein, ist nicht das Gute, sondern guthaft. Das Gute aber überragt Wahrheit und Vernunft an Würde. Wahrheit und Vernunft kommen dem Höchsten am nächsten, ohne dieses selbst zu sein. Sie sind, was sie sind, als durch das Gute Ermöglichte.

Aber das Gleichnis ist damit noch nicht voll ausgeschöpft, und zwar in einer wesentlichen Hinsicht noch nicht. Denn die Sonne gewährt dem Sichtbaren nicht nur das Erscheinen, sie spendet nicht nur Helle, sondern auch die Wärme. Sie ermöglicht erst Werden und Wachstum, ohne selbst Werdendes zu sein.

Entsprechend kommt dem Seienden selbst nicht nur seine Offenbarkeit und Erkennbarkeit von dem Guten her zu, sondern auch sein Sein. So wie das Werdende der Sonne sein Werden verdankt, ohne daß die Sonne selbst etwas Werdendes ist, so verdankt das Seiende dem Guten das Sein, ohne daß das Gute das Sein dieses Seienden selbst ist. Demnach gewährt das Gute dem Seienden sowohl seine Offenbarkeit, also seine Wahrheit, als auch das Sein. Und deshalb, weil das dem Guten entspringende Licht sowohl die Offenbarkeit als auch das Sein des Seienden selbst ausmacht, sind die Ideen nicht nur die Sichten auf das Seiende, sondern machen das Sein des Seienden selbst aus. In der späteren Terminologie gesprochen: Die Ideen sind ebenso die *ratio cognoscendi* des Seienden wie die *ratio essendi*. Deshalb kann Plato sagen: Die Ideen sind das in Wahrheit Seiende (*alethos on*) selbst. Und das Gute? Da es dem Seienden selbst ja das erst gewährt, was es ist, so ist es selbst nicht das Seiende, sondern wie Plato nun sagt:

> „Das Gute ist noch über das Seiende selbst hinaus (*epekeina tes ousias*) diesem an Alter und Vermögen überlegen." (*Staat*, VI. Buch, 509 b 9)

Das Gute ist demnach von überschwenglicher Wesensart. Glaukon bricht denn auch an dieser Stelle in ein heftiges Lachen aus und sagt: „Bei Gott, ein unheimlicher Überschwang" (509 c 1 f.). Es ist ein Lachen der Verlegenheit und Ratlosigkeit, die sich nicht zu helfen weiß. An dieser Ratlosigkeit hat das folgende Denken ständig zu tragen gehabt und auf verschiedene Weise nach Aushilfen ausgeschaut. Bevor wir uns der Stelle erneut stellen, betrachten wir erst einmal die Interpretationen, die die Stelle zu meistern versuchten. Sie lassen sich auf folgende vier Auffassungen zurückführen:

1.) Man sagt: Was Plato hier unter Sein (*ousia*) versteht, ist das Wassein. Nun lassen sich aber beim Seienden Bestimmungen abheben, die jeglichem, was in irgendeiner Weise ist, zukommen, daher von jeglichem Wasgehalt frei sind, diesen also übersteigen. Das Mittelalter nannte solche Bestimmungen *Transzendentalien*. Jegliches, was irgendwie ist, ist seiend. Deshalb ist seiend = *ens* in der weitesten Bedeutung ein *transzendens*. Jedes, das ist, ist *etwas* (d.h. sachhaltig) = *res*. Jedes Seiende ist *ein* Seiendes = *unum*. Weil das Sein sachhaltig bestimmt ist, ist es ein *aliquid* und von allem anderen Unterschiedenes. Es ist ein Wahres, d.h. Erkennbares, und ein Gutes, d.h. Erstrebbares (*verum* und *bonum*). Aber es ist deutlich: Diese Lehre von den formalsten Seinsbestimmtheiten hat in Platos Denken überhaupt keinen Ort. Außerdem tritt hier das Gute als eines unter anderen auf. Die Lehre von den Transzendentalien wird erst möglich auf dem Boden einer andersartigen Seinsinterpretation, die mit Aristoteles begonnen hat.

2.) Man sieht in dem Überschwang des Guten den unendlichen Geist Gottes der christlichen Theologie und hält die Ideen für die schöpferischen Gedanken dieses göttlichen Geistes. So hat Augustin gemäß dem biblischen Schöpfungsglauben Plato gedeutet. Nun heißt das griechische Wort für „Geist“ *nous*. Nach Platos Denken aber ist der *nous* gerade nicht das Gute und deshalb auch nicht das Höchste. Vielmehr ist er nur guthaft, nämlich von ihm zum *noein* ermöglicht. Nirgendwo hören wir bei Plato, daß der Geist der Ursprung der Idee und diese seine schöpferischen Gedanken seien. Im Gegenteil: Platos Bestimmung des Geistes, wonach er erst aus dem Guten zu sein beginnt, spricht eindeutig gegen diese Auffassung. Entsprechendes muß gegen eine mit dieser verwandten Auffassung eingewendet werden: Nach dieser käme in dem Überschwang des Guten die Transzendenz Gottes als des Schöpfers gegenüber dem Geschaffenen zur Sprache. Weil wir das Seiend immer dem Geschaffenen entnehmen, dem unser endlicher Intellekt allein adäquat ist, könne man mit Recht sagen, Gott sei noch über das Sein (im

Sinne des Geschaffenseins) hinaus (*epekeina tes ousias*). Nun, wenn das der Sinn dieser Stelle wäre, dann hätte es uns Plato gewiß selbst gesagt – gesetzt, er hätte den für ihn undenkbaren Gedanken Gottes als des Schöpfers aller Dinge aus dem Nichts überhaupt gedacht.

3.) Plato denkt in dem *epekeina tes ousias* die mystische Einigung. So haben Plotin und die Neuplatoniker Plato gedeutet: Die vernehmende Vernunft ist in sich zweifach: Vernehmendes und Vernommenes, Sehen und Gesichtetes. Diese Zweiheit ist noch nicht das Licht selbst in seiner einfachen Einheit, sondern seine Erscheinung. Das Vernehmbare des Vernehmens nennt Plato *ousia*, das *was* das Seiende ist. Also gibt es über die *ousia* hinaus noch eine höhere Weise von Einheit. Wenn nämlich das Sehen nicht auf das hinsieht, was im Licht erscheint, sondern sich ganz dem bescheinenden Licht ergibt, dann gehen Sehen und Gesehenes in ihren Grund zurück und so in die einfache Einheit zusammen, aus der sie entstammen. Das Sehen, indem es sich ins Licht ergibt, hört dann auf, der Unterschied von Sehen und Sichtbarem zu sein, sondern wird selbst zu dem in sich und aus sich lebenden Licht. Das Höchste, das Licht selbst sehen, heißt nicht mehr sehen, sondern selbst zum Licht werden. Plotin versteht sich selbst zwar als Interpret Platos, aber sein Denken ist von einer anderen Grundabsicht geleitet. Das Gute ist für ihn das vollendete Geeintsein mit sich selbst durch Entweltlichung. Für Plato dagegen ist es gerade das den Wesensstand inmitten der Welt Ermöglichende. Das Gute ist daraufhin das Gute, daß es diesen Stand gerade verbürgt.

4.) In dem *epekeina tes ousias* spricht sich das Sollen aus. Das Gute ist das Gesollte und deshalb das über das Wirkliche, Tatsächliche Hinausliegende. Diese Deutung ist die schwächste. Denn das Gute wird ja gerade als der Grund der Wirklichkeit alles Wirklichen von Plato beansprucht, nicht als das selbst unwirkliche, erst zu verwirklichende Gesollte.

Diese vier Auslegungen haben gemeinsam, daß sie zwar das Rätsel des *epekeina* auf ihre Weise auflösen, aber so, daß sie das Rätsel beseitigen. Sie beanspruchen Platos Denken für sich, ohne es doch aus dem inneren Zusammenhang seiner Fragen mitzuvollziehen.

Wir werden uns daher nicht vermessen, diese Auffassungen nun noch um eine fünfte zu vermehren und sie als die richtige auszugeben, sondern bemüht bleiben, das Rätsel in seiner Rätselhaftigkeit aufzuhellen und zu bemerken.

Das Gute wird in der Entsprechung zur Sonne charakterisiert: So wie die Sonne dem Sichtbaren die Sichtbarkeit und das Werden zumal gewährt, ohne das Werdende zu sein, so ermöglicht das Gute dem unsinnlich Vernehmbaren die Wahrheit und das Sein zumal, ohne dieses Sein zu sein. Vielmehr ist das Gute auch noch dem Sein des Seienden überlegen. Also sind das Sein und die Wahrheit als das vom Guten erst Ermöglichte. Als dieses Ermöglichende ist es dem Sein des Seienden noch zuvor.

Wir fragen: Was könnte sogar dem Seienden selbst zuvor und ihm an Vermögen noch überlegen sein? Vielleicht das Nichts? Dieses könnte zwar über das Seiende hinaus und außer ihm liegen, aber wie käme das Nichts dazu, das Sein zu vermögen? Wenn es das Sein vermag, dann muß es in jedem Fall jedes Seiende in seinem Wesentlichsten angehen, d.h. jedes Seiende, sofern es ein Seiendes ist. Von dieser Art, jedes Seiende als ein solches anzugehen, ist aber das Sein. Wodurch könnte dieses Einzigartige noch übertroffen werden? Da es ein Einzigartiges und daher Unvergleichliches ist, nicht durch ein anderes, sondern nur durch sich selbst, also durch sein Eigenes. Dann wäre das Sein das Sich-selbst-Übertreffende. Es hätte sein Wesen darin, sich selbst zu übertreffen. Wohin geht es aber, wenn es dergestalt ständig über das Seiende hinausgeht? Nicht zu einem Anderen – denn was könnte das noch sein? –, sondern einzig zu ihm selbst, zu seinem Wesen. Das Wesen ist jenes, aus dem her eine Sache vermag, die Sache zu sein, die sie ist. Das Wesen ist das eine Sache in ihrem Sein Vermögende und Ermöglichende. Das Sein geht also über sich hinaus und in das Vermögen zurück, aus dem her es das Seiende ermöglicht. Dieses Vermögen ist nicht ein Anderes als das Sein, sondern sein eigenes Wesen. Das Sein geht über sich hinaus, nämlich in sein Wesen zurück. Und nur deshalb, weil es in dieses zurückgeht, vermag es dem Seienden das Sein zu gewähren. Was sich nicht im ständigen Hinausgang über sich in sein Wesen zurückbirgt, vermag nichts zu gewähren. Sich selbst zu übertreffen ist das Wesen des Seins als eines solchen, weil es nur aus solchem Sichübertreffen zu gewähren vermag. Deshalb ist das Sein das Transzendens schlechthin.

So zeigt sich: Im Sein selbst liegt ein ihm zugehöriges Mehr, sofern es nicht nur das Sein des Seienden, sondern auch noch das Vermögen ist, das das Seiende zum Sein erst ermöglicht. Das Sein, sofern es nicht nur als das Sein des Seienden in diesem Sein vorgestellt, sondern als das das Seiende erst zum Sein Ermöglichende gedacht wird, nennt Plato *das* Gute, d.h. das Tauglichmachende schlechthin. Es ist das Gute, weil es in eins und zumal tauglich macht: das Seiende in seinem bleibenden Bestehen und seiner Erkennbarkeit (Wahrheit), die Vernunft in ihrem Vernehmen, d.h. Erkennen des Seienden in dem, was es ist. Das Sein ist das Sich-Übertreffende, weil es nicht im Seienden aufgeht, sondern das Seiende auch noch zum Sein und zu seiner Offenbarkeit sowie die Vernunft zum Erkennen des Seienden ermöglicht. Seiendsein, Wahrheit und erkennende Vernunft bestehen in ihrer Wesensmöglichkeit noch in dem Sich-selbst-Übertreffen des Seins. Würde das Sein nicht wesenhaft sich selbst übertreffen, dann hätten weder das Seiende noch die Wahrheit noch die Vernunft Bestand. Als das Sich-Übertreffende ist das Sein das den Bestand allererst Gewährende. Das Bestand Gewährende heißt das Gute. Das Sein, sofern es das Sich-Übertreffende ist, ist das Gute.

Wir versuchen also, das *epekeina* aus dem Rätsel des Seins deutlicher zu denken. Danach ist das das Sein noch Übertreffende nicht ein anderes als dieses, sondern das Sein selbst, sofern es nicht nur das Sein, d.h. den Bestand des Seienden ausmacht, sondern darüber hinaus das Bestand Ermöglichende und so das Seiende zum Sein Tauglichmachende, daher das Gute ist. Das Sein öffnet sich bei Plato in zwei Hinsichten: einmal als das Sein des Seienden, als Seinsbestand, und dann als das zum Sein Tauglichmachende, Bestand Ermöglichende. In dieser zweiten Hinsicht, als das Ermöglichende, wird es von Plato bereits die Ursache des Seins alles Seienden genannt. Dieses aber wäre dann das *Göttliche*. Das Sein ist in Hinsicht auf das in ihm selbst gelegene Mehr das Wesen des Göttlichen. Hier entfaltet sich bereits das Denken auf das Sein in zwei Richtungen: Das Denken auf das Sein als Sein des Seienden kann man mit einem späteren Namen metaphysische Ontologie nennen. Das Denken auf das Sein als Ursache des Seins alles Seienden ist die metaphysische Theologie. Das Denken auf das Sein entfaltet sich seit Plato zweifach in metaphysische Ontologie und metaphysische Theologie.

Innerhalb des Ganzen dieses Denkens ist weder die Ontologie der Theologie vorgeordnet, noch diese jener. Beide sind aber auch nicht einander nebengeordnet oder mittels eines Dritten zugeordnet. Sie sind in ihrem Wesen jeweils dasselbe: das Denken des Seins. Diese Selbigkeit beruht darauf, daß dasselbe nach verschiedenen Hinsichten gedacht wird. Die beiden Hinsichten erwachsen jedoch aus der Sache selbst, sofern das Sein des Seienden immer auch das sich selbst Übertreffende ist. Zufolge dieser Zweifachheit entfaltet sich das Denken, das dem Sein folgt, in Ontologie und Theologie. Deren Einheitsgrund liegt im Wesen des Seins. Bei Plato, in dessen Denken sich die beiden Hinsichten auseinanderzulegen beginnen, kommt dieser Einheitsgrund deutlich mit zum Vorschein. Weil aber später das Denken sich ausschließlich an die beiden Hinsichten hielt und an das, was sie zu sehen geben, kam der Grund der Einheit nicht mehr so deutlich vor das Denken. An seine Stelle trat eine didaktische Systematik, welche die Philosophie nach Disziplinen auffächerte. Erst innerhalb dieser Schulsystematik wurde dann auch die Frage möglich, ob die philosophische Theologie lediglich eine Verweltlichung der christlich-kirchlichen Theologie sei oder etwas Eigenes. Diese Fragestellung ist in sich schon verkehrt: Denn es zeigt sich, daß sich die Philosophie aus ihrem einheitlichen Wesen selbst, dem Denken auf das Sein des Seienden, zweifach entfaltet. Die Theologie, von der hier die Rede ist, gehört zum Wesen der Ontologie, dem Denken auf das Sein des Seienden selbst. Dieses Denken ist in sich schon der Überstieg auf das Sein als das das Seiende zum Sein Ermöglichende. Eine *christliche* Theologie, d.h. eine begriffliche Ausformung von autoritativ verkündeten Glaubenswahrheiten, mußte erst zustande gekommen sein, damit dann bei ihr eine Säkularisierung möglich wurde. Die zum Wesen der Ontologie gehörige metaphysische Theologie eine Säkularisierung nennen, heißt, aus völliger Unkenntnis dessen, was Philosophie ist, alles auf den Kopf stellen. Wohl aber hat die christliche Theologie die christlichen Glaubenswahrheiten sämtlich mittels der Begriffe festgelegt, in denen das Denken auf das Sein des Seienden sein Wahres gefaßt hat. Ob sie das zu ihrem Heil oder Unheil getan hat, muß die christliche Theologie selbst entscheiden.

Seit Plato entfaltet das Denken sein zu Denkendes zweifach. Die Zweifachheit gründet im Sein des Seienden selbst, das das Sich-Übertreffende ist. Plato vollzieht, dem Sein des Seienden denkend folgend, ausdrücklich diesen Überstieg und entfaltet so die Zweifachheit von metaphysischer Ontologie und Theologie.

An das Sonnengleichnis schließt Plato unmittelbar das Liniengleichnis an, von dem wir unter dem Titel handeln:

b) Das Liniengleichnis. Die Grundbezüge des Menschen zum Seienden

Im Bereich des übersinnlich Anwesenden ist das Seiende seiender, nämlich eigentlich seiend, und offenbarer, nämlich als es selbst offenbar. Deshalb ist der Bezug des Menschen zum Seienden zunächst in sich zweifach: einmal zum Seienden als dem Kommenden und Gehenden, Erscheinenden und Verschwindenden und zum anderen als dem in bleibender Unverborgenheit Anwesenden. Den in sich zweifachen Bezug zum Sein veranschaulicht Plato an einer in ungleiche Teile geteilten Linie: Die Ungleichheit veranschaulicht das Mehr bzw. Weniger an Wahrheit und Sein. Nun ist aber zufolge des Transzendenzcharakters des Seins das offenbarmachende Verhalten zu den Ideen in sich bereits zweifach. Um diese Aufhellung geht es Plato in erster Linie. Zu diesem Zweck teilt er die beiden Idee und Sichtbares darstellenden Abschnitte der Linie noch einmal, und zwar nach demselben Verhältnis, in dem die beiden Abschnitte zueinander stehen. Daher $a_1 : a_2 = b_1 : b_2$.

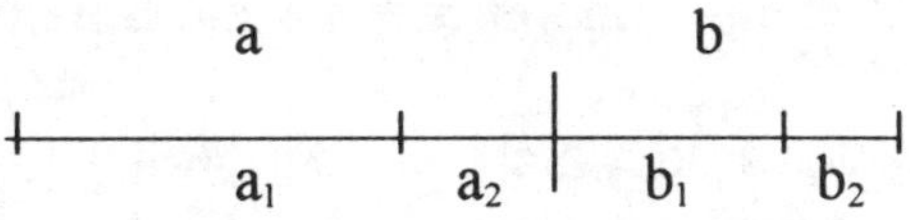

Der Sinn der Einteilung im Bereich der Ideen ist klar. Aber weshalb wird das Sichtbare noch einmal unterteilt? Weil sich im Bereich des Sichtbaren nicht nur Dinge zeigen, sondern auch das bloße Aussehen von Dingen, z.B. die Schatten, die Spiegelungen, die Bilder. Ein einzelner vor mir stehender Stuhl zeigt das Aussehen eines Stuhls. Aber ein gemalter Stuhl tut das auch. Der gemalte Stuhl ist ein Bild. Was ist ein Bild? Es läßt den Stuhl in seinem Aussehen sichtbar werden. Aber es gibt uns nicht den Stuhl selbst, sondern ihn lediglich im Wie seines sinnenfälligen Aussehens. Im Bild erscheint bereits das Seiende, aber lediglich als Erscheinendes im Wie seines Erscheinens. Das Bild läßt nicht das Ding selbst anwesend sein, sondern die Art und Weise, wie es sich zeigt.

Dieses bloße Sich-Zeigen der Dinge im Wie ihres sinnlichen Aussehens ist eine erste Weise der Offenbarkeit des Seienden. Solches Erscheinen des Seienden lediglich hinsichtlich der Art, wie es sich zeigt, nennt Plato *eikon*, „Bild". Und das zugehörige Verhalten nennt er *eikasia*, Abbildung. Abbildung heißt aber nicht lediglich, von einem Ding ein Abbild herstellen, indem man es photographiert, sondern besagt in einem weiten Sinne: den sinnenfälligen Anblick, den ein Ding bietet, einfach an- und aufnehmen, das Ding im Wie seines Sichzeigens festhalten.

In allen noch unvertrauten Bereichen des Seienden verhalten wir uns zunächst abbildend. Wir lassen es bei dem bloßen Bild bewenden. Jemandem, der von Chemie nichts versteht, ist die Einrichtung eines Laboratoriums bloßes Bild, ebenso die Manipulationen des Chemikers. Er nimmt die Gegenstände nur in ihrem sinnenfälligen Anblick auf. Sie sind ihm also nicht gänzlich verschlossen, trotz seiner Unkenntnis. Er kann sie unterscheiden, sieht, wie groß sie sind, wo sie stehen, was mit ihnen gemacht wird. Er kennt jetzt ein chemisches Laboratorium, aber nur vom „Sehen", vom Augenschein. Aber er weiß nicht, wozu das Einzelne und das Ganze dienen, und kann deshalb mit all den Dingen nicht umgehen. Er wagt nicht einmal, sie zu berühren. Weil er nicht weiß, wozu sie sind, bleiben sie für ihn im Grunde ebenso ungreifbar wie die Spiegelbilder der Dinge im Spiegel.

Plato nennt also die bloßen Bilder nicht um der Vollzähligkeit der Aufzählung willen, sondern weil darin ein eigenes Verhalten des Menschen vordringlich wird: das Kennen einer Sache vom bloßen Augenschein ohne Sachkenntnis. Dieses nennt er Abbildung in dem gekennzeichneten Sinne. Über weite Strecken verhalten wir uns zum

Seienden bloß abbildend. Wir kennen es vom bloßen Augenschein oder auch vom bloßen Hörensagen.

In den uns vertrauten Bereichen wissen wir bereits, was es mit den Dingen ist, wozu sie gut sind. Wir nehmen nicht nur ihren Anblick auf und an, sondern halten sie für das und das. Wir wissen, woran wir mit ihnen sind. Die Dinge selbst in dem, wozu sie sind, sind uns zugänglich. Wir sehen sie auf das hin an, was jeweils mit ihnen ist. Wir verhalten uns nicht abbildend, sondern so, daß wir sie für etwas halten. Dieses etwas ansehen als ... nennt Plato *doxa*. Das eigentliche Verhalten zu den sichtbaren Dingen selbst ist nicht das bloße Aufnehmen ihres Aussehens, sondern das Ansehen und Nehmen als. Plato nennt sie daher das Ansichthafte. Bloß ansichthaft sind sie, weil sie nicht bleiben, sondern kommen und gehen.

Und nun sagt Plato: Wie sich das Ansichtige, also die Dinge selbst zu ihrem bloßen Aussehen (den Bildern) verhalten, so verhält sich das unsinnlich Vernehmbare (die Ideen) zu dem bloß Ansichtigen. Wie ist das gemeint? Ein Bild gibt einen Stuhl zu sehen. Das Bild ist der Stuhl im Wie seines Sich-Zeigens. Das heißt: Das Bild ist nicht der Stuhl selbst, sondern es sieht so aus wie der Stuhl. Dieses So-Aussehen-wie, ohne es doch zu *sein*, hat Plato im Auge. Das unsinnlich Vernehmbare ist das Seiende. Das anwesende Sichtbare gibt, sofern es als Anwesendes dasteht, den Anblick von „seiend" und „unverborgen". Aber es ist nicht das Seiende und das Unverborgene, sondern sieht nur so aus wie Seiendes. Denn nachdem es eine Weile im Sein weilte, wird es zu einem Nichtseienden und deshalb Verborgenen, das man niemals und nirgendwo mehr antreffen kann. Die sichtbaren Dinge stehen in einem Anschein von Sein und Wahrheit. Diesen Anschein verdanken wir der Idee.

Dieses Unterscheiden-Können zwischen dem bloßen Aussehen von Seiend und Wahr und dem Seienden und Wahren selbst ist es, worauf es für den Menschen allein ankommt. Plato erläutert es an dem Unterschied, der uns aus unserem gewohnten Aufenthaltsbereich vertraut ist: dem Bild, das so aussieht wie das Ding, und dem Ding selbst.

Und nun wendet sich Plato dem Schnitt innerhalb des unsinnlich Vernehmbaren zu, der der schwierigste ist. Auch hier gibt es ein zweifaches Verhalten. Was gemeint ist, erläutert Plato an der Mathematik: Unser aussagendes Verhalten zum Seienden gründet sich auf das Vorweisen der Sache, über die wir aussagen. Dieses Vorweisen geschieht zumeist durch das Wahrnehmen. Die Behauptung „Es ist schönes Wetter“ weist sich aus, indem wir zum Fenster hinaus nach draußen schauen. Wir weisen also unsere Aussagen aus durch Vorweisen der Sache, über die wir aussagen. Dieses Vorweisen geschieht zumeist durch die Wahrnehmung. Nicht aber so in der Mathematik: Hier werden Eigenschaften des Kreises nicht an diesem einzelnen gezeichneten Kreis abgelesen. Denn die sinnliche Figur sieht nur aus wie ein Kreis, ohne der Kreis selbst zu sein. Die Geometrie legt ihren Sätzen über den Kreis das zugrunde, was der Kreis selbst ist. Dies bleibt den Sinnen verschlossen. Es ist von der Wesensart des Noetischen, der Idee. Der Mathematiker legt seinen Untersuchungen den unsinnlichen Kreis selbst als Grund zugrunde. Er hat zwar eine einzelne sinnenfällige Figur vor sich, aber er sieht diese im vorhinein und darum ständig auf das hin an, was Kreis überhaupt ist. Die Mathematik nimmt zum Anhalt nicht das sinnliche Aussehen dieser oder jener Einzelfigur, sondern das Aussehen von Kreis überhaupt.

Das Aussehen, den Anblick dessen, was etwas ist, nennt Plato *eidos*. Plato gebraucht daher *eidos* und *idea* in gleicher Bedeutung. Das eigentliche Aussehen einer Sache wird erst im unsinnlichen Vernehmen gesehen. Der Mathematiker nimmt also das *eidos* des Kreises zum Grund und begründet in ihm all seine Aussagen über den Kreis. Solche Grundlegung einer Sache in dem Anblick ihres Wasseins heißt griechisch *hypothesis*. Dieses Wort bedeutet eigentlich Grundlegung in dem Sinne, daß das *eidos* der Sache allen Aussagen über sie als Grundlage unterstellt wird. *Hypothesis* besagt nicht einfach Hypothese, sondern meint: das, was eine Sache ausmacht, was für ihr Sein einsteht, als Grund setzen und alle Aussagen über diese Sache in diesem Grund begründen. Der Grund einer Sache ist das, was diese selbst einheitlich ist.

Das wissende Verhalten zum Seienden ist von dieser Art, daß es den Anblick des Wasseins einer Sache als Grund setzt und zum Ausgang für die Nachforschungen nimmt. Alle Wissenschaften gründen im vorgängigen Im-Blick-Haben des Wesensanblicks des Seienden, mit dem sie es zu tun haben. Dieser vorgängige Wesensblick ermöglicht erst wissendes Verhalten zum Seienden.

Nehmen wir als Beispiel die Begründung der Naturwissenschaft zu Beginn der Neuzeit. Worin gründet sie? Nicht in der Einführung des Experiments, nicht im Vordringlichwerden der Quantität gegenüber der Qualität. Das hat es alles früher auch schon gegeben. Das Entscheidende ist der Entwurf dessen, als was Natur im ganzen im vorhinein überhaupt zu verstehen ist: als in sich geschlossener Zusammenhang raum-zeitlich bestimmter Massenpunkte. Erst die so im ganzen bestimmte Natur wird dann wissenschaftlich befragbar. Ob freilich dieser neuzeitliche Naturentwurf die Natur überhaupt in ihrem Wesen beläßt, ist eine andere Frage. Jede Wissenschaft gründet in der vorgängigen Wesensumgrenzung ihres Gebietes. Diese ist festgelegt in den Grundbegriffen einer Wissenschaft. Diese Grundbegriffe bringen eine Wissenschaft erst auf ihren Grund und so zustande.

An der Mathematik wird exemplarisch deutlich, was das Eigene des wissenschaftlichen Verhaltens überhaupt ist. Der Mathematiker führt zwar seine Beweise an einer sinnenfälligen Figur vor. Diese sieht so aus wie der Kreis, ohne Kreis zu sein, ist also bloßes Bild. Der Mathematiker nimmt nun dieses Bild nur als Bild, indem er im vorhinein die Figur auf ihr *eidos* hin ansieht und ständig im Blick behält. Indem er das sinnlich sich Zeigende nur als Bild gebraucht und es auf das *eidos* hin ansieht, stellt er das *eidos* gegenüber dem Sinnenfälligen in den Vorrang. So setzen die Wissenschaften das *eidos* der Sache, bezüglich der sie fragen und forschen, als Grund voraus.

Aber – und darin liegt ihre Grenze auf der Linie des Noetischen – sie nehmen das als Grund vorausgesetzte *eidos* einfach nur an und auf, ohne es *als* Voraussetzung zu nehmen und seinerseits zu begründen. Sie lassen es bei der Vorgegebenheit von *eide* bewenden. Sie gehen auf das, was sie vorweg in den Blick nehmen, nicht weiter ein, sondern blicken von ihm weg auf das, dem ihr Denken gilt, nämlich dem, was sie aus ihm ableiten können. Dabei verlieren sie das *eidos* nicht aus den Augen, sondern halten es gerade fest. Aber es wird nur als Grund für Begründungen in Anspruch genommen, an denen der Wissenschaft allein gelegen ist. Das wissenschaftliche Verhalten zum Seienden behält daher bezüglich des Seienden einen Zug von *doxa* – Ansicht. Die alltägliche Ansicht sieht die Dinge auf ihr sinnfälliges Aussehen hin an und hält sie für das, als was und wie sie sich zeigen. Das wissenschaftliche Verhalten hält das jeweils Sich-Zeigende nicht einfach für das, als was es sich zeigt, sondern sieht es auf sein bleibendes *eidos* hin an und hält dies für das, was *ist*. Deshalb ist das wissenschaftliche Verhalten zwar von höherem Rang. Es sieht das Jeweilige ja auf sein *eidos* hin an, aber das, worauf es sieht, nimmt es ebenfalls einfach an und auf.

So z.B. in der Mathematik: Es gibt das Dreieck, den Kreis, die Zahlen. Mit anderen Worten: Die Mathematik sichtet zwar Seiendes von höherer Wesensart, aber sie verhält sich zu ihm in der Weise des einfachen An- und Aufnehmens, also in der Weise der *doxa*. Sie setzt das *eidos* des Dreiecks bei all ihren Nachforschungen voraus, aber sie vermag von sich her nicht diese Voraussetzung ihrerseits zu begründen. Sie nimmt das *eidos* als das Seiende an und auf, ohne es auf seine Wesensart und Wesensmöglichkeit hin zu befragen. Das ist kein Mangel der Mathematik, sondern der Grundzug ihres Wesens, der nicht etwa abgeändert werden soll. Wohl aber zeigt sich, daß auch die Mathematik und mit ihr alle anderen Wissenschaften noch nicht die eigentliche Nähe zum Seienden verbürgen.

Deshalb macht Plato innerhalb des Noetischen ebenfalls einen Schnitt. So wie es innerhalb des Bereichs des Sichtbaren ein bloßes Kennen der Dinge vom Sehen gibt, die *eikasia*, das ohne spezifische Sachkenntnis der Dinge nicht mit den Dingen umzugehen versteht, so kennen im Bereich des unsinnlich Vernehmlichen die Wissenschaften das Seiende gleichsam nur vom Sehen, als bloßen Anblick, ohne es in seinem Wesen und seiner Wesensmöglichkeit zu kennen. Und weil sie es bei der Vorgegebenheit des *eidos* bewenden lassen, indem sie es nur in seiner Begründungsleistung für das einzelne beanspruchen, bleiben sie immer auch auf dieses angewiesen, wenn sie es auch nur als Bild oder als „Fall" eines Allgemeinen nehmen. Daß sie der Bilder bedürfen, liegt eben daran, daß sie es bei der Vorgegebenheit des *eidos* bewenden lassen.

Über das wissenschaftliche Verhalten hinaus gibt es noch ein höheres Wissen. Dieses nimmt das *eidos* selbst als solches vor und sucht es selbst in seinem Wesen zu ergründen. Das *eidos* ist das Beständige und Offenbare. Was ist das *eidos*, sofern es das Beständige und Offenbare ist? Was gewährt und verbürgt diesem Ständigen seinen Stand und dem Offenbaren seine Offenbarkeit? Und was ermöglicht uns, das *eidos* zu vernehmen? Was befähigt unser Sehen zu einer solchen Sicht?

Dieses dreifach einige Ermöglichende ist, wie wir bereits wissen, das Sein als das das Seiende zum Sein tauglichmachende Vermögen, das Gute. Das *eidos* selbst in seinem Wesen erfassen, heißt: es in jenes zurückgründen, das *alles* Seiende erst gesammelt in der Vernehmbarkeit seines Wesensbestandes ermöglicht. Dieses das Seiende überhaupt und im ganzen erst einheitlich ermöglichende Vermögen ist die wahre *arche*, das, wovonher und worin Seiendes erst anfängt zu sein und worin es als Seiendes einbehalten bleibt – so wie die Dinge nur wachsen und gedeihen und in ihrem Aussehen gegenwärtig sind und sein können, sofern sie von der Sonne her in ihrem Schein einbehalten bleiben. Das *eidos* vermag wohl hinsichtlich dessen, was den Sinnen sich zeigt, den Anspruch auf Grundsein zu erfüllen. Deshalb setzen die Wissenschaften mit Recht das *eidos* ihrer Sache als Grund voraus. Wenn aber das *eidos* an ihm selbst betrachtet und bedacht wird, dann zeigt sich, daß es seinerseits in einem Grundgebenden gründet, das *allem* Seienden der gründende Grund ist. Dieses allem zuvor Grundgebende ist seinerseits grundlos, weil es das Wesen von Grund selbst ist. Die Philosophie hat ihr Wesen *nicht* im Ansetzen von Ideen, sondern in der Ergründung des Grundes, der die Ideen und ihr Vernehmen erst ermöglicht. Sie erfragt das Wesen der Ideen, aus dem her Ideen erst sein können, was sie sind. Das Wesen der Ideen, jenes, wodurch und woraus Ideen allererst sind, ist nicht eine Idee, sondern *die* Idee oder die „Idee der Ideen".

Wie geht nun die Wesensgründung der Ideen vor sich? Wir sprechen eine Mannigfaltigkeit von einzelnen Bäumen z.B. als Baum an, also doch auf das hin, was sie in all ihrer Verschiedenheit einheitlich sind, auf ihr Wassein. Solches Ansprechen (das auch lautlos geschehen kann) heißt griechisch *legein*: ansprechen von etwas als etwas. Fassen wir nun das, als was wir das vielerlei Einzelne ansprechen, also das Was-es-ist selbst als solches in den Blick, dann bilden wir den *logos* der Sache.Unter *logos* im philosophischen Sinne ist also die Erfassung des Was-es-ist als solches zu verstehen. Der *logos* ist *logos* des *eidos* oder der Idee. Nun aber soll es beim bloßen Ansatz von Ideen als Einheitsgrund des vielerlei Einzelnen sein Bewenden nicht haben, sondern es gilt, die Idee selbst zu erkennen, d.h. zu bestimmen, was sie ist. Die Bestimmung einer Idee hinsichtlich dessen, was sie selbst ist, z.B. der Idee des Menschen, kann nur durch Ideen geschehen. Die Bestimmung einer Idee durch Ideen ist kein bloßes Ansprechen einer Mannigfaltigkeit auf Ideen hin, sondern ein durch Ideen hindurchgehendes Durchsprechen, kein bloßes *legein*, sondern ein *dialegesthai*. *Dia* heißt „durch", nämlich durch Ideen hindurch. *Dialegesthai* ist eine mediale Bildung und heißt: bei sich durchsprechen. Also hat die philosophische Erkenntnis, die Erkenntnis dessen, was das Seiende selbst ist, den Grundcharakter der Dialektik. Aber was hier nun „Dialektik" bedeutet, das dürfen wir nicht der Vorstellung entnehmen, die wir von der Dialektik haben, sondern wir müssen uns den dialektischen Charakter des philosophischen Erkennens von Plato sagen lassen: Bestimmen einer Idee auf dem Weg des durch Ideen hindurchgehenden Durchsprechens.

Das denkende Erfassen einer Idee käme dann ins Ziel, wenn sie in den Grund zurückgegründet würde, aus welchem alle Ideen ihrer Möglichkeit nach entspringen, der Idee des Guten, und wenn diese in dem erkannt würde, was sie ist. Das aber ist immer nur annäherungsweise möglich, und zwar aus zwei Gründen:

1.) Die Rückgründung einer Idee in den Grund, in dem alle Ideen einheitlich gründen, würde die Erkenntnis aller Beziehungen einschließen, in welchen diese Idee zu allen anderen Ideen steht, also die Erkenntnis des Ideenganzen. Das aber wäre ein Wissen von göttlicher Wesensart, das dem sterblichen Menschen versagt bleibt. Deshalb findet die Dialektik nie einen endgültigen Abschluß. Die Erkenntnis dessen, was das Seiende ist, bleibt unterwegs.

2.) Die Idee des Guten selbst, der Anfangsgrund alles Seienden (*arche*), ist, da sie alle Ideen in sich befaßt, keine Idee unter Ideen und bleibt deshalb an ihr selbst unerfaßbar. Denn alles Erkennen dessen, was etwas ist, ist in sich ein Unterscheiden des Einen vom Anderen und bleibt deshalb der Idee des Guten ungemäß. Sie ist unerfaßbar, obwohl sie in allen Ideen als das ihnen Bestand gebende Ideen-Wesen ist.

Und so stuft sich nach Plato das Verhalten des Menschen zum Seienden in Hinsicht auf sein Sein und seine Wahrheit vierfach ab. Innerhalb dieses vierfach gegliederten Verhaltens walten Entsprechungen, durch die diese Verhaltungen sich eine an der anderen erhellen. Zuoberst steht das die Idee selbst in ihrem Wesen und Wesensgrund vernehmende Vernehmen (*noesis*). DiesesVernehmen ist dialektisch: ein Durchsprechen der Ideen durch Ideen im Hinblick auf den alle Ideen ermöglichenden Grund. Das der Idee erst grundgebende Wesen der Idee selbst kann nicht mehr besprochen und durchgesprochen, sondern nur „berührt" werden (*haptesthai*). Das meint zunächst: Bezüglich seiner gibt es kein Er-fassen als dies oder das, daher auch kein Besprechen und Durchsprechen mehr. Das Gute kann nicht weiter beredet werden. Wir berühren etwas, wenn wir im Fortgang von einem zum anderen auf etwas stoßen. „Berühren" als Bezug zum Wesen der Idee meint daher: Im durchsprechenden Versammeln der Ideen stößt der Blick auf das Eine, woraus und worin Ideen und Sehen zumal erst sind, was sie sind. Dieses Daraufstoßen ist selbst schon der Bezug zum Guten. Das scheint freilich wenig zu sein. Aber das Auge vermag ja auch die Sonne und ihren Schein nicht eigentlich zu erblicken, sondern im Schein der Sonne die Dinge in ihrem Aussehen. Wenn das Auge auf den Schein der Sonne stößt und diesen berührt, dann zeigen sich ihm die Dinge selbst. Ebenso: Erst dann, wenn die vernehmende Vernunft im Durchgang durch Ideen auf das einheitliche Wesen der Idee selbst stößt, erkennt sie das Seiende in dem, was es ist, erkennt sie Ideen.

Dem Sein schon ferner steht ein Verhalten, das zwar auf die Ideen ständig hinsieht, aber sie nur als Grund beansprucht, darin es die Beziehungen zum sinnlich Sich-Zeigenden begründet. Dieses Verhalten ist zwar auch ein Vernehmen, aber es geht vom Sinnenfälligen aus und zu ihm zurück im Durchgang durch die Idee. Es hält sich in einem Zwischen zwischen Idee und Sichtbarem. Plato spricht daher von einem *dianoein*, einem Vernehmen also, das die Idee nur im Durchgang durch sie vernimmt. Es ist der Seinsbezug der Wissenschaften.

Noch ferner hält sich der Mensch in seinem alltäglichen Sichumtun und Umblicken, in dem er sich an das hält, was jeweils nur aufscheint, um wieder zu verschwinden. Es ist die vertraute Stätte seines tagtäglichen Sichumtuns und Abmühens. Er vertraut darauf, daß ihm im unmittelbaren Sichhalten an das Sich-Zeigende das Seiende anvertraut sei. Dieses Verhalten hält das, was ihm da alles aufgeht und dem es fortgesetzt nachgeht, schon für das, was ist, und hält so hartnäckig jeden Anspruch des Wesenhaften auf einen höheren Rang nieder. Es ist die Stätte des bloßen Für-wahr-Haltens und des fraglosen Sichhaltens an ein einfach hingenommenes Sich-Zeigendes. Solches fraglose Annehmen eines vermeintlich Wahren und festhaltende Sichhalten daran nennt Plato *pistis*, Für-wahr-Halten oder Glauben in dem gekennzeichneten Sinne.

Und schließlich gibt es noch das bloße Kennen vom Augenschein her, ohne Kenntnis des Wozu und deshalb ohne Möglichkeit des verstehenden Umgangs, die *eikasia*.

So gliedert Plato das Weltverhalten des Menschen im ganzen vierfach gemäß dem Maß der in ihm waltenden Offenbarkeit von Sein. Diese vierfache Abstufung charakterisiert das Sein des Menschen in seiner möglichen Nähe und Ferne zum Sein des Seienden. Nähe und Ferne bestimmen sich jedoch aus der Art, wie ihm Seiendes jeweils offenbar und in solcher Offenbarkeit anwesend ist. Die Schnitte auf der vierfach geteilten Linie bezeichnen die vier sich ins Wesenhafte steigernden Möglichkeiten des Menschseins des Menschen in seinem Verhalten zum Seienden.

Die Erkenntnis dessen, was das Seiende, die Idee also, ist, ist dialektisch. Dieser dialektische Charakter der philosophischen Erkenntnis gründet im dialektischen Wesen der Idee selbst.

2. Kapitel: Das dialektische Wesen der Idee (*Parmenides*, 1. Teil)

Vom dialektischen Wesen der Idee handelt der Dialog *Parmenides*, mit dessen 1. Teil wir im 2. Kapitel der Vorlesung zu tun haben. Hauptunterredner dieses 1. Teils sind Parmenides und Sokrates, von dem es heißt, er sei zur Zeit der Unterredung noch ganz jung gewesen. Historisch-faktisch kann ein solches Gespräch nicht stattgefunden haben. Das läßt Plato auch indirekt dadurch erkennen, daß er das Gespräch durch das Medium einer zweifach gespiegelten Erinnerung erzählen läßt.

Parmenides hat als erster den Gedanken des *Seins* konzipiert und den Grundzug des Seins als das einende Eine bestimmt: Alles, was ist, kommt in dem einen und selben überein, nämlich: zu sein. Also hat das Sein den Grundzug eines einzig Einen, das nicht seinesgleichen hat.

Sokrates tritt in diesem Dialog als der Entdecker des *eidos* auf, also als derjenige, der die Dimension eröffnet hat, in welcher das Seiende erst wahrhaft seiend ist. Daß Sokrates und Parmenides hier in ein Gespräch kommen, bedeutet demnach, daß jenes von Parmenides zum ersten Mal zur Sprache gebrachte Sein innerhalb der Dimension des von Sokrates entdeckten *eidos* neu zum Austrag kommt. Denn das *eidos* hat ja gerade den Wesenszug der einenden Einheit, da es ja das Vielerlei des jeweils Einzeinen auf das hin eint, was es einheitlich ist. Aber das *eidos*, das jeweilige Was-Sein einer Mannigfaltigkeit von Einzelnem, ist doch andererseits immer nur eines unter anderen *eide*. Also ist das Sein zugleich Vieles, nämlich eine Vielheit von Ideen.

Die Idee ist Eines und Vieles – meint das: einerseits Eines, andererseits Vieles? Oder ist die Idee sowohl Eines als auch Vieles, dergestalt, daß gerade dieses Sowohl-als-auch das Wesen der Idee ausmacht?

Sokrates stellt das vielerlei einzelne Ähnliche und die Idee der Ähnlichkeit einander gegenüber und ebenso das vielerlei einzelne Unähnliche und die Idee der Unähnlichkeit, also das Eine und Selbe, auf das hin wir das vielerlei Unähnliche einheitlich ansehen. An diesen beiden Ideen ist alles und jedes irgendwie beteiligt, denn ein Jegliches ist einem Jeglichen entweder ähnlich oder unähnlich. Ähnlichkeit und Unähnlichkeit sind also zwei Ideen, die sich über alles erstrecken. Das Einzelne ist ähnlich und unähnlich nach dem Maß seiner Teilhabe an diesen beiden Ideen. Das Verhältnis der Idee zu dem Einzelnen bestimmt Plato also als Teilhabe (*methexis*): Das Einzelne ist, indem es teilhat an der Idee.

Es steht dem nichts im Wege, sagt Sokrates, daß das eine und selbe Einzelne sowohl ähnlich als auch unähnlich ist; „ähnlich" verstanden als Beteiligtsein an der Idee der Ähnlichkeit schließt Beteiligtsein an der entgegengesetzten Idee, der Idee der Unähnlichkeit, nicht aus. Daß die eine und selbe Sache sowohl ähnlich als auch unähnlich ist, erklärt Sokrates, ist nichts Erstaunliches. Wenn dagegen die Idee der Ähnlichkeit *selbst* unähnlich und die der Unähnlichkeit ähnlich werden könnten, dann – sagt Sokrates – träte etwas Ungeheuerliches ein: Dann geriete der Wesensbestand des Seienden selbst ins Wanken, und dem Menschen würden alle Standmöglichkeiten in der Welt entzogen.

In gleicher Weise kann das eine und selbe Einzelne zugleich Vieles und Eines sein. So kann ich einen einzelnen Menschen als eine Vielheit ansehen, indem ich auf die Mannigfaltigkeit seiner Glieder hinsehe. Wenn ich aber eine Anzahl von in einem Raum versammelten Menschen durchzähle, dann sehe ich einen jeden als Einen an und nicht als eine Vielheit. Wie das möglich ist, daß das Eine Vieles und das Viele Eines ist, bereitet keine Schwierigkeit. Jedes kann sowohl in die eine als auch in die andere Hinsicht gestellt werden. Ein einzelner Mensch z.B. ist weder das, was das Eine *selbst* ist, noch ist er das, was das Viele *selbst* ist, sondern er ist Eines und Vieles zufolge seines Beteiligtseins an diesen beiden Ideen.

Erst wenn sich zeigen ließe, daß nicht nur das Einzelne an entgegengesetzten Ideen beteiligt ist, sondern daß sich die Ideen selbst miteinander vereinigen lassen, so daß die Idee der Größe klein und Idee der Kleinheit groß sein könnte, dann würde sich etwas überaus Erstaunliches einstellen. Denn das würde besagen, daß nicht nur das sinnlich Wahrnehmbare, sondern das einheitliche Wesen der Dinge selbst sowohl es selbst als auch anderes wäre, so daß nichts Geringeres geschähe, als daß im Bereich der Ideen die *doxa* aufträte.

Aber verhält es sich nicht wirklich so? Der eine und selbe Mensch ist sowohl groß als auch klein. Groß ist er im Vergleich mit einem kleineren, klein im Vergleich mit einem größeren. Als groß erscheint er aus dem Hinblick auf das Kleinersein eines anderen. Er erscheint im Anblick der Größe aus dem Hinblick auf die Kleinheit. Also gehört zum *eidos* der Größe der Hinblick auf das *eidos* der Kleinheit. Die beiden gehören zusammen: Größe kommt überhaupt erst an und mit dem Anblick der Kleinheit in die Sicht.

Der junge Sokrates aber begnügt sich damit, für eine Mannigfaltigkeit von sinnfällig Sich-Zeigendem jeweils ein einheitliches *eidos* als das Eine und Selbe anzusetzen. Er läßt es bei diesem Ansatz bewenden und entfaltet das angesetzte *eidos* nicht aus seinem eigenen Wesen. Das aber bedeutet, daß er das Seiende nicht daraufhin befragt, was es als Seiendes ist.

Den Blick für diese Frage innerhalb der von Sokrates eröffneten Dimension des *eidos* zu befreien, ist die Grundabsicht dieses Dialogs. Denn Parmenides hat zwar das Denken des Seins auf die Bahn gebracht, aber noch nicht innerhalb der Dimension, in welcher die Frage nach dem Sein erst zureichend gestellt und beantwortet werden kann. Und Sokrates hat zwar diese Dimension eröffnet, aber er unterläßt die Frage nach der Wesensweise der Idee. Mit anderen Worten: Das Gespräch zwischen Sokrates und Parmenides hat stattgefunden. Dieses Gespräch ist die Philosophie Platos selbst.

Parmenides nimmt in diesem Gespräch die sokratische Grundunterscheidung auf, das vielerlei Gute, Schöne, Gerechte einerseits und die einheitlichen Ideen andererseits: das Schöne selbst, das Gerechte selbst, das Gute selbst. Sokrates liegt alles daran, das vielerlei Einzelne und die Ideen auseinanderzuhalten, denn das Erblicken von Ideen ist ein Hinsehen auf sie, zu dem das Wegsehen von dem sinnfälligen Aussehen und in öffentlichem Ansehen Stehenden wesensmäßig gehört.

Parmenides stellt nun die Frage, ob auch beim Menschen, beim Feuer, Wasser und anderem naturhaft Seienden eigens ein für sich gesetztes *eidos* anzunehmen sei. Sokrates gesteht, daß er in dieser Frage noch nicht recht weitergekommen sei. Denn bei den Naturwesen ist die Ansetzung von für sich seienden Ideen nicht in der Weise zwingend wie bei dem Guten, Schönen und Gerechten, also beim Sittlichen. Die Naturwesen zeigen sich doch gerade in dem, was sie sind, in einem einfachen Hinsehen auf sie. Es bedarf doch hier gar nicht eines vom Geeinzelten wegblickenden Hinsehens auf Ideen. Und was sollte es vollends für einen Sinn haben, außer dem Feuer noch die *Idee* des Feuers anzunehmen, welcher doch gerade das abginge, was dem Feuer so wesentlich eigen ist, das Glühen, Erwärmen und Brennen? Und wie steht es schließlich, fragt Parmenides, mit solchen Dingen wie Haaren, Lehm und Schmutz, also von solchem, was sich nicht sehen lassen kann, von dem, das man zu entfernen trachtet? Ist schon bei den Naturwesen der Ansatz von Ideen nicht recht einsichtig, so wirkt er bei diesen Unwesen vollends absurd. Sokrates gibt zur Antwort, dergleichen zeige sich zwar, und es *sei* auch, aber davon Ideen anzunehmen, das wäre ganz und gar ungereimt. Allerdings, fügt er hinzu, habe ihn oft die Frage beschäftigt, ob nicht doch für alles, was ist, Ideen anzusetzen seien. Aber jedes Mal, wenn er in dieser Auffassung seinen Stand zu beziehen versucht habe, sei er doch wieder davor zurückgewichen aus Furcht, in einem Abgrund der Lächerlichkeit zu versinken, und habe sich wieder dem zugewendet, bei dem die Ansetzung von Ideen einsichtig sei, dem Guten, Gerechten, Schönen.

Die Schwierigkeit liegt auf der Hand. Einerseits ist ein Jegliches durch sein Beteiligtsein an einer Idee. Wenn dem so ist, dann muß es andererseits auch von solchem Ideen geben, von dem man sie unmöglich annehmen kann. Verzichtet man aber darauf, von *allem* Ideen anzusetzen, dann gibt die Idee ihren Anspruch auf, das Wesen von Sein zu erfüllen.

Parmenides antwortet darauf:

> „Du bist noch jung, Sokrates, und die Philosophie hat dich noch nicht so ergriffen, wie sie dich meiner Ansicht nach dann ergreifen wird, wenn du keines von diesem Seienden mißachten wirst. Jetzt aber blickst du noch zufolge deiner Jugend auf die Ansichten der Menschen“ (130 e 1-4).

Dieser Satz des alten Parmenides gibt einen wichtigen Hinweis. Sokrates hält sich an das, was im Ansehen steht, das Gute, Schöne, Gerechte usw., und setzt von diesem Ideen an. So hat er zwar das *eidos* entdeckt, aber da er von dem Ansehen bestimmt bleibt, in dem etwas bei den Menschen steht, hält er das *eidos* zugleich in dieser Ansicht fest; er gibt es nicht auf sein Wesen hin frei, nämlich das Durchsicht Gebende auf alles und jedes zu sein, was nur irgendwie sich als seiend zeigt. Was an einer Idee teilhat und was nicht, darüber haben die Ansichten der Menschen schon befunden. Insofern bleibt Sokrates in den Ansichten der Sterblichen (*doxai broton*) befangen, als diese bestimmen, was wesentlich ist und was nicht, und d.h. für Sokrates, wovon Ideen anzusetzen sind und wovon nicht.

Um den Blick für die universale Wesensweise der Ideen selbst zu öffnen, geht Parmenides in der folgenden Diskussion von den Ideen innerhalb des Bereiches aus, in dem Sokrates nicht schwankt. Es gibt nicht nur vielerlei Großes, sondern es gibt auch das *eidos* der Größe selbst. Das Einzel-Große ist nicht groß, insofern es dieses Einzelne ist – als dieses Einzelne kann es ja auch klein sein, nämlich im Vergleich mit einem Größeren –, sondern es ist groß aufgrund seiner Teilhabe am *eidos* der Größe.

Und nun setzt Parmenides bei der Frage an: Wie ist diese Teilhabe des Einzelnen an der Idee zu verstehen? Hat das jeweilig Einzelne teil an dem *eidos* als Ganzem oder nur an einem Teil des *eidos*? Weilt die Idee der Größe in jedem Einzel-Großen ganz oder nur zum Teil? Sokrates antwortet: Was steht dem im Weg, daß das *eidos* jeweils ganz in jedem Einzelnen anwesend ist?

Diese Antwort läßt sich hören, hat jedoch, wenn sie durchdacht wird, höchst bedenkliche Folgen für das *eidos*. Das vierlerlei Einzel-Schöne liegt ja getrennt auseinander hier und dort. Wenn das *eidos* des Schönen in diesen getrennt auseinanderliegenden Einzelnen als Ganzes anwesend ist, dann heißt das, das *eidos* ist von sich selbst getrennt, und sein Einheitscharakter geht verloren, an dem doch alles gelegen ist. Sokrates versucht daher, dieser Konsequenz zu entgehen, und verdeutlicht das Wesen der Idee durch den Vergleich mit dem Tageslicht. (131 b 3 ff.)

Das Tageslicht, in dessen Helle die vielen Dinge sich zeigen, ist als das Eine und Selbe bei allem anwesend, was getrennt auseinanderliegt, und bleibt doch die einfache Identität seiner mit sich selbst. Und so ist es auch die eine und selbe Sicht der Größe, in der das vielerlei Einzel-Große als groß erscheint.

Aber nun geschieht etwas Seltsames. Parmenides verflacht in der Antwort dieses Bild, so daß seine veranschaulichende Kraft verloren geht. Er vertauscht das Tageslicht mit einem über viele Menschen sich ausspannenden Segeltuch. Das Segeltuch ist zwar Eines, aber über jedem einzelnen Menschen befindet sich nur ein Teil des Ganzen, so daß die Einheit des *eidos* in diesem Vergleich verloren geht und es selbst teilbar wird. Weshalb läßt sich Sokrates auf diese Vertauschung ein? Wie es scheint, hat er die sachaufhellende Kraft des Bildes vom Tageslicht selbst nicht eigentlich verstanden. Das Licht läßt alles sichtbar werden, was von ihm beschienen wird, aber nicht deshalb, weil es sich wie ein Segeltuch über vieles ausbreitet, sondern weil das Licht in der Einheit und Selbigkeit mit sich selbst die Vielheit der Sichten selbst ist. Die Vielheit der Anblicke ist selbst von der Wesensart des Lichtes.

Das würde, auf die Sache gesehen, besagen: Das *eidos* hat seine Einheit in der Vielheit der Sichten selbst. Es ist nicht das Eine im Gegensatz zum Vielen, sondern gerade Eines *im* Vielen.

Wie wenig Sokrates dieser Charakter der Vielheit klar geworden ist, bezeugt er gerade durch den Vergleich mit dem Tageslicht. Denn hier ist es ja besonders deutlich, daß die Einheit und Selbigkeit der Helle nicht außer und neben der Vielheit der Anblicke besteht, sondern gerade *in* dieser Vielheit. Sokrates aber beansprucht den Vergleich lediglich für eine Verdeutlichung der Einheit des *eidos* im Gegensatz zur Vielheit des sichtbaren Dinge. Und weil ihm an der Tageshelle das Wesen des *eidos* selbst, Einheit *in* der Vielheit der Sichten zu sein, nicht aufgeht, ist er gegen die Verflachung des Bildes auch wehrlos. Ja, die Vertauschung des Parmenides liegt sogar in der Richtung seiner Vorstellung von Einheit und Vielheit, denn er stellt die Vielheit des Einzelnen dem Eines-Sein des *eidos* gegenüber und sieht nicht, daß das *eidos* auf eine eigene Weise ebenfalls an sich selbst eine Vielheit ist.

Plato erinnert hier an ein Versäumnis, dem die Ideenlehre verfallen kann und dem sie immer wieder verfallen ist: dem Versäumnis, die Idee aus ihrem eigenen Wesen zu denken und darin zu gründen. Das aber ist nach Plato die Philosophie: ein Wissen von dem erlangen, was die Idee als Idee ist; die Ansetzung von Ideen im Wesen der Idee selber gründen und nicht bloß Ideen ansetzen als Einheitsgrund für die Mannigfaltigkeit des Einzelnen. Man kann sagen, daß dieses Versäumnis heute vollständig geworden ist; denn heute beruft man sich auf Ideen mit der Versicherung, man handele nur um der Idee willen, nämlich aus Idealismus. Man stellt dabei nicht einmal mehr die Idee ins Ansehen, sondern sich selbst als denjenigen, der alles aus Idealismus tut.

Die Idee kann nicht als ganze in dem vielen Einzelnen anwesend sein, also wird sie wohl nur teilhaft dem jeweiligen Einzelnen innewohnen. Aber eine solche Teilhabe erweist sich vollends als unmöglich. Denn sie würde besagen: Das viele Einzel-Große ist groß durch einen Teil der Größe selbst. Etwas wäre demnach groß durch etwas, das kleiner ist als die Größe selbst. Und umgekehrt wäre ein Kleines klein durch Teilhabe an dem Kleinen selbst, also durch einen Teil von ihm. Das Kleine wäre dann größer, nämlich als dieser Teil von ihm. Jenes aber, zu dem dieser Teil des Kleinen hinzutritt, würde durch diesen Hinzutritt klein. Man könnte meinen, Plato ergehe sich hier darin, die Ansetzung von Ideen ins Absurde zu führen. Aber wie immer bei Plato kann dem, der dieses scheinbar Absurde durchdenkt, ein Licht aufgehen. Das Kleine selbst ist groß. Das Große selbst ist klein. Diese Sätze könnten sich in ihrem verborgenen Sinn erschließen, wenn es gelänge, das „ist" aus der Wesensweise der Idee zu denken. Der Anblick von Größe blickt uns an aus dem Hinblick auf Kleinheit. Die beiden Anblicke blicken gleichsam in- und durcheinander, der eine blickt durch den anderen hindurch. Die beiden Ideen sind eine der andern der Durchblick. Zur Idee der Größe gelangt das Sehen immer nur im Durchgang durch die Idee der Kleinheit, und umgekehrt. Das könnte heißen, Ideen sind überhaupt nur zu erfassen im Durchgang durch andere Ideen. Die Ideen geben nicht nur die Sicht auf das den Sinnen sich Zeigende, sondern sie sind auch *einander* die Durchsicht. Und könnte denn auch ein Einzelnes an vielen Ideen beteiligt sein, wenn die Ideen nicht selbst in mannigfacher Weise aneinander beteiligt wären? So viel können wir doch jetzt schon sagen: Die Teilhabe des vielerlei Einzelnen an Ideen *gründet* der Möglichkeit nach in der Teilhabe der Ideen aneinander.

Und nun wagen wir noch einen weiteren Schritt, denn wenn man mit Plato mitdenken will, muß man immer etwas wagen, gesetzt freilich, daß es gelingt, in der Bahn seines Denkens zu bleiben:

Das Durchsicht-Gebende ist der Schein (nach dem Sinn des Sonnengleichnisses als Helle verstanden). Der Schein, das Licht, in welchem das Große selbst *er-scheint*, ist die Idee der Kleinheit, denn sie gibt Sicht auf die Idee der Größe, und umgekehrt. Zugleich ist dieser Schein auch Schein im Gegensatz zum Sein; denn die Idee der Kleinheit, in deren Schein die Größe selbst erst erscheint, ist nicht das Große, sondern sein Gegenteil. Der Schein, der das Große erscheinen läßt, ist zugleich der Schein des Gegenteils, den das Große an sich hat. Dieser Schein ebenso wie das, was bald als dieses, bald als sein Gegenteil erscheint, gründet seiner Möglichkeit nach in der Seinsweise der Ideen selbst. Und dieser Schein ist dem wahrhaft Seienden notwendig, weil es im Schein seines Gegenteils erst als es selbst zu erscheinen vermag.

Es gibt also nicht die *doxa* und daneben und darüber noch Ideen. So sieht es freilich notwendigerweise und zunächst aus, wenn eine Idee für eine Mannigfaltigkeit von Einzelnen angesetzt wird. Und bei diesem Aussehen bleibt es auch, wenn die Idee nun nicht in ihrer Wesensweise selbst durchdacht wird. In Wahrheit gründen Schein und *doxa* ihrer Möglichkeit nach im Wesen der Ideen selbst, in diesem – um einen Ausdruck Hegels zu gebrauchen – „Ineinanderscheinen der Ideen". Daraus folgt bereits, daß die herkömmliche und geläufige Vorstellung von Platos sogenannter „Ideenlehre" nicht so sehr ihr Wesen, als vielmehr eine Verkennung dieser Philosophie ist.

Plato zeigt nun noch eigens, daß es keine Möglichkeit gibt, bei einer angesetzten Idee stehen zu bleiben (132 a 1 ff.): Wenn mehreres Einzel-Große erscheint, dann zeigt es sich aufgrund einer einheitlichen Sicht auf das, was das Große selbst ist, also im Lichte der Idee der Größe. Wenn wir nun aber das vielerlei Einzel-Große und die Größe selbst ihrerseits einheitlich auf das ihnen gemeinsame Großsein hin ansehen, dann erscheint eine neue Sicht, die das vielerlei Einzel-Große und das Große selbst in eins zusammenfaßt. Neben und außer dem vielen Großen und dem Großen selbst erscheint wiederum ein *eidos* der Größe und so fort ins Unbegrenzte. So wäre das *eidos* der Größe nicht Eines, sondern unbegrenzt Vieles, weil immer wieder ein neues *eidos* aufträte. Das beweist, daß es keine Möglichkeit gibt, bei dem *eidos* als einem Einen und Selben stehen zu bleiben. Diese Überlegungen bereiten den Übergang in die thematische Frage nach der Wesensweise der Idee vor.

Die Idee wird von Sokrates verstanden als die einheitliche Sicht, auf die hin die denkende Seele das Mannigfaltige versammelt, so daß es als dieses oder jenes erscheint. Um nun dieser unbegrenzten Vervielfältigung der Ideen zu entgehen, deutet Sokrates die Idee als die der Seele eigene Sicht selbst, als *noema en te psyche*. Sonach hat die Idee ihr Sein nicht von ihr selbst her, sondern es kommt ihr zu vom Denken der Seele. Danach wäre die denkende Seele selbst die Einheitshinsicht, auf die hin das Mannigfaltige versammelt wird.

Aber läßt sich das Sein der Ideen von der Seele her zureichend begreifen? Die Ideen sollen die von der Seele gedachten Gedanken sein, die *noemata*. Nun ist ein Gedanke immer Gedanke von etwas und nicht von nichts. Der in der Seele gedachte Gedanke ist Gedanke von jenem Einen, das sich einheitlich über das Ganze des Einzelnen erstreckt. Folglich ist nicht der Gedanke die Idee, sondern die vom Denken gedachte Einheit, und diese Einheit des Gedankens gründet in der Einheit dessen, was gedacht wird. Weil der Gedanke immer Gedanke von etwas ist, kann er nicht selbst die Idee sein. Aber, so sagt Parmenides, räumen wir einmal ein, Ideen seien die Gedanken in der Seele: Da die Ideen den Seinsbestand des Seienden ausmachen, bestände alles aus Gedanken. Und das würde wiederum bedeuten: Alles Seiende denkt. Sokrates gibt daher diese Auffassung auf und greift nun zu der entgegengesetzten: Die Ideen sind die stehenden Ur- und Vorbilder innerhalb der Natur (*paradeigmata*), und das Einzelne besteht seinerseits, indem es sich an diese Ur- und Vorbilder angleicht. „Sein“ als Teilhabe des Einzelnen an der Idee bedeutet dann Angleichung an bestehende, bleibende und immerseiende Urbilder. Einen Hasen z.B. erkennen wir als Hasen, indem wir auf sein arthaftes Aussehen hinsehen, das sich als das eine und selbe in aller Verschiedenheit und Veränderung der einzelnen Hasen durchhält. Diese einzelnen sind nicht selbst ihre Art, sondern sind, indem sie sich an das Urbild angleichen, und sie sind, was sie sind, in solcher Angleichung, ohne aber jemals ihr Urbild zu erreichen, sondern so, daß sie immer dahinter zurückbleiben.

Man hat öfter gesagt, Platos Ideen seien die ewigen Urbilder, denen die Sinnendinge nachgebildet und daher Abbilder dieser Urbilder seien. Im Umkreis der Frage nach dem Wesen der Idee wird auch diese Auffassung erwogen und von Plato selber als unzureichend abgelehnt. Wir mögen daran ermessen, was unser geläufiges Vorstellen von Plato weiß, wenn es eine mögliche, von Plato selbst besprochene und abgewiesene Auffassung für die Lehre Platos hält.

Warum ist auch diese Auffassung abzuweisen? Die einzelnen Naturwesen sind, indem sie sich den bleibenden Ur- und Vorbildern, gleichsam den Mustern, angleichen. Wenn sich eines dem anderen angleicht, dann waltet eine Ähnlichkeit zwischen beiden, und zwar so, daß nicht nur eine Ähnlichkeit der vielen Einzelnen zur Idee besteht, sondern auch umgekehrt eine Ähnlichkeit der Idee zu den vielen Einzelnen. Das viele Einzelne ist der Idee ähnlich und die Idee den vielen Einzelnen. Also bedarf es eines neuen *eidos*, aufgrund dessen das vielerlei Einzelne und die Idee einander ähnlich sind. Daraus ergibt sich: Die Teilhabe des vielen Einzelnen an den Ideen kann nicht auf Angleichung beruhen, da sich dann die Idee ins Unbegrenzte vervielfältigte. Auch der Versuch, die Ideen als die stehenden Urbilder für das sinnlich Einzelne auszulegen, scheitert.

Die von Sokrates versuchten Deutungen sind aber nicht einfachhin falsch; denn die Ideen sind die einheitlichen Sichten der Seele, von denen her das Mannigfaltige einheitlich in dem, was es ist, begegnet. Aber das Wesen der Idee geht darin nicht auf; denn die Ideen machen auch, im Sinne des zweiten Deutungsversuchs, den bleibenden Wesensbestand des Seienden aus. Die Idee ist das Licht, das die vernehmende Seele und das Seiende zusammenspannt, dergestalt, daß aus dieser Einigung die Seele erkennt und das Seiende sich in dem zeigt, was es ist. Aber in demselben Licht der Idee ist das Seiende als Seiendes erst anwesend. Die Idee steht weder auf der einen noch auf der anderen Seite, sondern sie ist selbst bezughaften Wesens. Auf diesen Bezugscharakter der Idee war schon aufmerksam gemacht worden, sofern Ideen nur durcheinander erblickt werden können. Aber die Idee steht nicht nur zur Idee in Bezug, sondern auch zur denkenden Seele (*noesis*). Dieser Bezug gehört ebenfalls in das Wesen der Idee hinein, wie das Sonnengleichnis im *Staat* schon gelehrt hatte. Wie aber stehen diese beiden Bezugsarten zueinander? Treten sie zueinander hinzu oder ist der eine Bezug der bestimmende, so daß der andere von ihm abhängt? Sind sie vielleicht im Grunde ein und derselbe? Ist der Bezug der Ideen zueinander bereits selbst schon der Bezug zum Denken, zum *nous*, so daß das Denken wesenhaft zum Sein gehört?

Wenn die Ideen an ihnen selbst bestehen, dann stehen sie nicht in Bezug zu uns als denjenigen Wesen, die auf Wahrnehmungen angewiesen sind, damit uns Seiendes begegnet. Sie gehören dann nur *einander* zu, aber sie haben keine Zugehörigkeit zu uns, d.h. zu dem Umkreis dessen, worin *wir* uns immer schon aufhalten. Ideen sind nur in Bezug auf Ideen, und das bei uns Anwesende steht nur in Bezug zu dem bei uns Anwesenden.

Parmenides erläutert diesen Sachverhalt an dem Verhältnis von Herrschaft und Knechtschaft. Ein Herr ist immer Herr in Bezug auf einen Knecht, und umgekehrt: Der Knecht ist immer Knecht eines Herrn. Herrsein heißt: wissendes Verfügen über die Möglichkeiten des Handelns. Der Knecht ist daraufhin Knecht, daß er dieses Verfügen des Herrn zum Vollzug bringt. Nun ist der Herr nicht nur Herr, sondern ein einzelner Mensch, der außer seinem Herrsein auch noch mancherlei anderes ist. Und das Entsprechende gilt für den Knecht. Der Herr aber, der ganz und gar im wissenden Verfügen über die Möglichkeiten des Handelns aufginge, wäre nicht nur ein einzelner Herr, und d.h. ein einzelner Mensch, der herrscht, sondern er wäre das Herrenwesen selbst, die *Idee* der Herrschaft. Und ein Knecht, der ganz und gar darin aufginge, das Herrsein zum Vollzug zu bringen, wäre das Wesen der Knechtschaft selbst.

Nun ist ein Knecht immer nur der Knecht eines bestimmten Herrn, niemals aber dem Herrenwesen als solchem hörig. Ein einzelner Herr ist immer nur Herr über einen einzelnen Knecht, nicht aber Herr des Wesens der Knechtschaft selbst. Dagegen ist die Herrschaft *selbst* immer nur im Bezug auf die *Idee* der Knechtschaft, und umgekehrt. Es gehören also immer in einen bezughaften Zusammenhang das Herrenwesen und das Wesen der Knechtschaft einerseits und ein bestimmter einzelner Herr und ein bestimmter einzelner Knecht andererseits.

Von dieser Wesensart des Bezughaften ist auch das Wissen. Denn Wissen ist immer Anwesenheit beim Gewußten. Auch beim Wissen gibt es diesen Unterschied zwischen einem Wissen von diesem und jenem Einzelnen hier und dort und dem Wissenswesen selbst. Das Wissenswesen bezieht sich nur auf das, was das Seiende an ihm selbst ist; das Einzelwissen des Einzelnen bezieht sich auf das Einzelne hier und dort. Beim Seienden selbst kann nur ein Wissender sein, dem das Wissenswesen selbst zu eigen ist, der im Besitz der Idee des Wissens ist. Daraus folgt, daß die Ideen dem menschlichen Wissen unerkennbar sind. Die Ideen, die doch das eigentlich zu Erkennende in allem Erkennen sein sollen, erweisen sich als dem menschlichen Wissen unerkennbar, denn das Wissens*wesen* eignet nicht dem Menschen, sondern nur einem Gott.

Es folgt aber daraus noch Ärgeres: Wenn dem Gott das wesentliche Wissen zu eigen ist, dann kennt er sich zufolge dieses Wissens im Bereich des Seienden selbst aus, nicht aber im menschlichen Bereich. So wie nämlich, sagt Plato, das Herrenwesen nur zum Wesen des Knechtseins in Bezug steht und dadurch bestimmt ist, so herrscht das dem Gott eigene wesentliche Wissen zwar über das Seiende selbst, die Ideen, nicht aber über dieses und jenes Einzelne hier und dort, für welches vielmehr allein das menschliche Wissen zuständig ist. Und so wie der Mensch zufolge seiner Menschlichkeit nichts vom Göttlichen wissen kann, erkennt der Gott nicht den menschlichen Bereich, und zwar zufolge der Göttlichkeit seines Wissens. Das Göttliche und das Menschliche stellen so zwei beziehungslos getrennte Sphären dar.

Aber wäre der Mensch denn Mensch ohne Bezug zum Göttlichen? Und wäre der Gott noch ein Gott, wenn sich sein Herrschaftsbereich nicht über den des Menschen erstreckte? So viel ist jedenfalls klar, daß ohne eine Wesensentfaltung der Ideen der Bezug von Göttlichem und Menschlichem nicht aufgehellt werden kann. Unterbleibt diese Wesensentfaltung, dann beginnt dieser Bezug sich zu verschließen. Das Wesen des Göttlichen und das Wesen des Menschen beruht jeweils auf der Art der Zugehörigkeit zum Seienden. Daraus bestimmt sich auch das Verhältnis, in welchem das Göttliche und das Menschliche zueinander stehen. Die aus der Ansetzung von Ideen erwachsene, jetzt in ihr Äußerstes gelangte Aporie gibt – wie immer bei Plato – dem, der in ihr ausharrt, einen Wink, wie sich das Göttliche und das Menschliche gemäß ihrem Wesen zueinander fügen. Dieses Zueinander bestimmt sich aus der Art ihrer Zugehörigkeit zur Idee. Der göttliche und menschliche Bezug, in dem die Idee steht, kann nur aus der Wesensweise der

Idee selbst aufgehellt werden. Grundsätzlich heißt das: Der Vollzug der Frage nach dem Sein der Ideen gibt der platonischen Philosophie erst den Ausblick auf Gott und Mensch, auf ihr je eigenes Wesen und auf die Art ihres Zueinander. Es kommt deshalb alles darauf an, die Idee in ihrem eigenen Wesen zu ergründen, dergestalt, daß dieses aufgehellte Wesen der Idee allererst den Ausblick auf das Göttliche und das Menschliche freigibt.

Bei der ersten Ansetzung der Idee nimmt sich die Sache so aus: Das vielerlei Einzelne ist, was es ist, durch Teilhabe an der Idee. Diese Teilhabe bleibt indes unbegreiflich. Das Setzen der Idee als Grund für das Sein des vielerlei Einzelnen, die sogenannte *hypothesis* des *eidos*, ist aber der erste, unumgängliche Schritt für uns Menschen, in die Dimension des *eidos* überhaupt hineinzukommen. Es bildet nur die Absprungbasis für das Durchdenken der Idee selbst. Faßt man nun gar das Verhältnis von Idee und jeweiligem Einzelnen als das von Allgemeinem und Einzelnem, entblößt man also die Idee ihres Ideencharakters, dann hat man das sogenannte Problem des Einzelnen und des Allgemeinen vor sich, das unlösbar ist und deshalb für eines der „ewigen Probleme" ausgegeben wird, mit denen der Menschengeist angeblich unablässig „ringt". Ähnlich verhält es sich mit dem sogenannten Problem des Idealen und Realen und deren Verhältnis. Diese Probleme existieren überhaupt nur so lange, als das Philosophieren noch nicht begonnen hat, und auch nur für den, der die Idee in der *doxa* hängen, d.h. es beim Ansatz von Ideen bewenden läßt. Die Wesensergründung der Idee begründet und rechtfertigt nachträglich erst den Ansatz von Ideen so wie die Möglichkeit der Unterscheidung von „ideal" und „real".

Die Ideen sind einander das Wodurch des Erscheinens und der Sichtbarkeit. Deshalb waltet im Seienden selbst schon ein Sehen, das Sehen der Vernunft, d.h. zum Seienden gehört von ihm selbst her, zufolge des Ineinanderblickens der Ideen, das Denken. So ist das Sein des Seienden selbst von der Wesensart der Vernunft. Diese im Seienden selbst immer schon anwesende Vernunft ist für Plato eine göttliche Vernunft, und zwar deshalb, weil es für den Menschen unmöglich ist, das Ganze des Seienden in eins und zumal präsent zu haben.

Der Mensch hat seinen Aufenthalt im Wahrnehmungswissen, der *doxa*. Er weilt bei dem, was bald so, bald anders ist, bald ist, bald nicht ist. Aber was ist dieses Bald-so-bald-anders? Es gründet in dem vielfachen Ineinanderscheinen der Ideen selbst, aus welchem ein jegliches erst als das zu erscheinen vermag, was es ist. Sofern der Mensch also im Wahrnehmungswissen steht, befindet er sich auch schon – obzwar undurchschaut – im Lichte der Ideen, in einem Bezug zum Seienden selbst. Solange er das mannigfach Scheinende nur an- und aufnimmt, bleibt er in der *doxa*. Er vernimmt das Seiende als so, aber auch als anders, als seiend, aber auch als nichtseiend. Da das vermeintlich Seiende des Wahrnehmungswissens wechselt, versucht der Mensch, sich mit wechselnden Standpunkten durchs Leben zu helfen. Es ist kein Verlaß auf ihn, da seine Ansichten unaufhörlich wechseln. Worauf es also ankommt, ist, dieses Bald-so-bald-anders des Wahrnehmungswissens nicht einfach an- und aufzunehmen und bei ihm zu verharren, sondern in *ihm* das Ineinanderscheinen der Ideen selbst zu erblicken, das Vielbeteiligtsein der Ideen aneinander zu erkennen. Das erfordert als ersten Schritt die *hypothesis* des *eidos*. Aber bei solcher Ansetzung von einheitlichen Anblicken hat es nicht sein Bewenden. Die Ideen scheinen vielfältig ineinander und vermögen durch dieses Ineinanderscheinen erst selbst zu erscheinen. Eine Idee wird also in ihrer Einheit und Selbigkeit gerade im Durchgang durch die vielen Sichten erfaßt, an denen sie beteiligt ist. Nur im Durchgang durch die Bezüge, in denen eine Idee steht, wird sie als das erfaßt, was sie selbst ist. So befindet sich der Mensch zwischen dem Schein und dem Wesen. Deshalb hat er unaufhörlich zwischen ihnen zu unterscheiden. Denn wenn das Seiende ineinanderscheint, dann geht auch erst durch das *Unterscheiden* auf, was ein jegliches ist und was es nicht ist. Eine jede Idee ist in sich selbst eine Mannigfaltigkeit von Hinsichten, so jedoch, daß sie gerade im Durchgang durch die Vielheit der Hinsichten sich als die eine und selbe zeigt, wodurch dann zugleich der Schein möglich wird.

Das Wesen des Göttlichen und das Wesen des Menschen bestimmen sich jeweils aus der Art ihrer Zugehörigkeit zum Sein selbst. Die bloße Ansetzung von Ideen führt in letzter Konsequenz dahin, dem Göttlichen und dem Menschlichen zwei getrennte Sphären zuzuweisen. So wäre der Mensch vom Wesensbereich des Göttlichen, dem Seienden selbst, ausgeschlossen, und das göttliche Wissen würde nicht über den menschlichen Bereich herrschen.

Eine Wesensgründung der Idee bringt auch ein Licht in den Bezug, in welchem das Göttliche und der Mensch zueinander stehen. Das Wissenswesen selbst, das göttliche Wissen, ist Anwesenheit beim Seienden selbst. Aber das Seiende scheint vielfältig ineinander und läßt so der Möglichkeit nach die *doxa* entspringen. Das Wissen also, welches das Wesen des Seienden weiß, erkennt auch die *doxa*. So erstreckt sich das göttliche Wissen, das Wissenswesen, auch über den menschlichen Bereich. Der Mensch steht seinerseits nicht schon in diesem Wissen, sondern er befindet sich zunächst in der *doxa*. Sofern diese jedoch in dem vielfältigen Ineinanderscheinen der Ideen gründet, steht der Mensch auch schon in einem Bezug zum Seienden selbst, zum göttlichen Wissen. Er bleibt jedoch darauf angewiesen, über die *hypothesis* des *eidos* im unaufhörlichen Durchgang durch das Vielbeteiligtsein der Ideen aneinander diesen Bezug eigens vor sich zu bringen und sich darin festzumachen. Dieser Durchgang durch die Ideen ist die Dialektik. Sie ist der Vollzug des Philosophierens selbst.

Der zweite Teil des Dialogs führt einen solchen Durchgang durch die Ideen vor. Plato nennt ihn eine *gymnasia*, eine Übung. Man hat geglaubt, Plato habe damit sagen wollen, daß diese Ideendialektik des zweiten Teils eine bloße Übung darstelle und deshalb inhaltlich ohne Belang sei. „Übung" aber meint hier: Sich-Einüben in das sehende Vernehmen von Ideen, welches selbst ein dialektischer Durchgang durch Ideen ist. Das *Sehen* von Ideen ist nur als *Einübung* in dieses Sehen möglich. In diesem Teil des Dialogs wird dieses Einüben in das sehende Vernehmen der Ideen *selbst* geübt, das sich niemals in einer Fertigkeit vollenden kann. Wir müssen hier darauf verzichten, dem dialektischen Gang durch die Ideen nachzugehen. Stattdessen begnügen wir uns mit dem Satz, der den Dialog beschließt und das ganze Rätsel der Wesensweise der Idee zusammenfaßt:

> „Es sei also dieses gesagt und, daß, wie es scheint, das Eine – (d.i. immer die Idee: das Eine) –, sei es, daß es ist, sei es, daß es nicht ist, es selbst wie auch das Andere in Bezug auf es selbst und in Bezug aufeinander alles auf alle Weise sowohl ist als auch nicht ist, und sowohl erscheint als auch nicht erscheint." (166 c 2-5)

Vom Einen und vom Anderen ist die Rede. Das Andere zum Einen ist das Nicht-Eine, also das Viele. Die Idee ist aber Eines und Vieles. Dieser Satz über das Eine und Viele und ihre vielfältigen Beziehungen enthüllt die Wesensweise der Idee selbst und ist daher unerschöpflich. Wir versuchen, den Satz zu verstehen in den Grenzen des zuvor Erörterten. Entscheidend ist das Sowohl-als-auch, welches die Wesensweise der Idee ausmacht. Eine jede Idee ist im Hinblick auf sie selbst. Sie ist als Eines anwesend, aber sie ist im Hinblick auf sie selbst auch nicht. Eine Idee zeigt sich als Eines nur aus dem Ineinanderscheinen von Ideen. Sie ist sie selbst gerade im Hinblick auf Anderes. Wer eine Idee getrennt für sich fassen will, greift ins Leere. Sie ist das Eine und ist es auch nicht, denn sie ist das, was sie ist, gerade im Blick auf Anderes, auf die anderen Ideen, durch die sie allererst zum Vorschein kommt. Das Eine ist in Bezug auf das Andere, das Viele; denn aus den vielfachen Hinsichten zeigt sich ja das Eine erst in seiner Einheit. Aber das Eine ist in Bezug auf das Viele auch wieder *nicht*, denn als das Viele ist das Eine gerade nicht das Eine. Die Seinsweise des *eidos* ist das Sowohl-als-auch.

Führen wir diese Betrachtung nun auch für das Viele aus. Das Viele ist in Hinsicht auf es selbst. Aber es ist in eben dieser Hinsicht auch nicht. Denn kann das Viele überhaupt sein ohne Einheit? Ohne Einheit ist das Viele nicht einmal Vieles, sondern es zerstiebt in das Bestandlose des Nichts. Also ist das Viele nur im Hinblick auf das Eine. Denn Vielessein besagt: Vielheit von Einheiten. Aber sieht man auf die Einheit, dann geht das Viele in Eines zusammen und ist nicht mehr Vieles. So ist das Viele in Hinsicht auf es selbst und ist auch nicht. Es ist in Bezug auf Eines und ist auch nicht. Die Wesensweise des Vielen ist dieses zweifache Sowohl-als-auch. Hier zeigt sich das Unzureichende einer sog. „Ideenlehre", die lehrt: Ideen *sind*. Was besagt denn dieses „sind"? Diese Frage nach dem *Sein* der Ideen ist keine bloße Zu- und Draufgabe, als ob man, nachdem man erst einmal Ideen angesetzt hat, nun noch nach Belieben ihr Sein betrachten könnte. Nur wer das *Sein* der Ideen bedenkt, erkennt wahrhaft Ideen.

Die Idee ist gerade in der Vielfalt ihrer Bezüge sie selbst. Daß das Eine und Viele das zweifache Sowohl-als-auch in jeder Weise ist, das eben führt die Ideendialektik des zweiten Teils des Dialogs vor Augen. Das Eine zeigt sich im Hinblick auf das Viele. Es hat, indem es sich zeigt, das Aussehen des Anderen an sich. So erscheint es und erscheint es nicht. Dieses Sowohl-als-auch des Erscheinens und Nichterscheinens macht die Möglichkeit der *doxa* aus. Das gleiche gilt auch für das Viele. Die Idee ist anwesend aus dem zweifachen Sowohl-als-auch von Sein und Nichtsein, nämlich in Bezug auf sich selbst und in Bezug auf das Andere. Dieses zweifache Sowohl-als-auch verdoppelt sich noch einmal: als Sein und Nichtsein und als Anschein von Sein und Nichtsein, als *doxa*. Sein und Nichtsein stehen in der *doxa* im Anschein ihrer selbst. Dieser Anschein tritt nicht zu den Ideen erst noch hinzu, sondern die Idee ist aus sich selbst zugleich auch das Scheinende. Sie *ist* nicht nur in vielfältigen Bezügen, sondern sie steht in einem *Verhältnis* von Bezügen. Das Ganze dieser Bezugsverhältnisse ist die Wesensweise der Idee, ist die *Art* des Seienden als eines solchen.

Diese Klärung des Wesens der Idee bringt auch ein Licht in das Wesen der Philosophie und in die ihr zugehörige Sophistik. Da nämlich das Scheinen der Idee in sich selbst doppeldeutig ist, ist auch das *Verhalten* zum Seienden in sich doppeldeutig: philosophisch und sophistisch. Das Verhalten zum Seienden bleibt zunächst unausgemacht, da es sowohl das eine als auch das andere sein kann. Ist das Verhalten sophistisch, dann bleibt es sich selbst und anderen in dem verborgen, was es ist. Der Schein geht über das Seiende auf und hüllt es ein, so jedoch, daß der Schein *als* Schein nicht heraustritt. Ist das Verhalten philosophisch, dann kommt das Seiende in seinem Sein zum Vorschein, und zwar gerade dadurch, daß der Schein *als* Schein in seiner Zugehörigkeit zum Sein mit aufgeht, aber *als* Schein erkannt ist. Das Sophistische geht immer mit dem Philosophischen auf als sein notwendiges gegenwesentliches Unwesen. Wer Philosoph ist und wer Sophist, vermag nur der zu erkennen, der selbst philosophiert. Die *doxa* bleibt blind gegen diesen Unterschied, und zwar auch dann, wenn sie Ideen zuläßt.

Und so werden denn auch in den philosophiegeschichtlichen Lehrbüchern die Sophisten, Protagoras und Gorgias voran, unter die Philosophen eingereiht. Den Sophisten wird sogar das Verdienst zugesprochen, so etwas wie eine Kulturphilosophie zum ersten Mal auf die Bahn gebracht zu haben. Plato würde dieses Verdienst den Sophisten gewiß nicht bestreiten. Wie aber, wenn Plato erkannt hätte, daß diese Kulturphilosophie gar nichts anderes ist als Sophistik? Nach Plato jedenfalls ist der Philosoph erst Philosoph durch das unaufhörliche Sich-selbst-Unterscheiden vom Sophisten, der er der Möglichkeit nach ist und bleibt. Eben deshalb ist auch der Philosoph als Philosoph nur für den erkennbar, der diese Unterscheidung vollzieht, d.h. selbst philosophiert, indem er die Wesensweise der Idee selbst zu denken versucht.

In Platos Dialog *Parmenides* ist das Ganze dessen bereits gedacht, was die Philosophie von da ab *überhaupt* zu bedenken hatte: Scheinen und Erscheinen, Wesen und Sein, Wahrheit und bloße Ansicht, Ideenwissen und bloßes Wahrnehmungswissen, Göttliches und Menschliches, Philosophie und Sophistik – dies alles in seiner ursprünglichen Zusammengehörigkeit.

Wir können nun noch fragen: Wie steht es mit der Idee des Guten, die im Sonnengleichnis doch die erste, die beherrschende Stelle einnimmt? Sie wird im *Parmenides* nicht genannt. Hat Plato sie aufgegeben? Das Thema des *Parmenides* ist das Wesen der Idee. Im *Staat* hieß es: Eine Idee wird in ihrem Wesen erst erfaßt, wenn im unaufhörlichen, durchsprechenden Durchgang durch Ideen der Blick auf das Gute als das die Ideen erst zu Ideen tauglich machende Vermögen stößt. Wenn der Dialog *Parmenides* eigens thematisch vom Wesen der Idee handelt, muß dann nicht das Gute, das Ideenwesen, selbst das ständige Thema dieses Dialogs sein? Weshalb wird es dann aber nicht eigens genannt? Vielleicht weil im Grunde allein von ihm die Rede ist?

Das Gute, so lehrt das Sonnengleichnis, ermöglicht einheitlich ein Dreifaches: dem Seienden das Sichzeigen, der Vernunft das Vernehmen und dem Seienden das Sein. Der Dialog *Parmenides* hat gezeigt: Dies Dreifache wird ermöglicht durch das Ineinanderscheinen der Ideen. Das Miteinandersein der Ideen macht ihr Wesen, also ihr Gutsein aus. Zufolge ihres Miteinanderseins taugen sie zum Erscheinen, zur Erkennbarkeit und zum Sein. Indem die eine für die andere das Wodurch des Sich-Zeigens und der Anwesenheit ist, sind die Ideen von der Wesensart des Guten. Was so die Ideen in die Einheit des Zueinander bindet, dergestalt, daß aus diesem Zueinander der Ideen eine jede erst in ihrem Eigenen ist, das ist das Gute selbst. Das Wesen des Guten ist demnach das Einigen der Ideen zu einem Ideenganzen, dergestalt, daß eine jede Idee aus dieser Einigung zu einem Ganzen erst ist, was sie ist. So ändert sich nichts gegenüber dem Sonnengleichnis. Wohl aber ist es Plato in dem Dialog *Parmenides* gelungen, die Wesensweise der Ideen deutlicher zu denken.

3. Kapitel: Das Wesen des Guten (*Philebos*)

Platos Denken auf das Sein dessen, was ist, die Sache der Philosophie überhaupt, hat die Gestalt der Frage nach dem, was Seiendes zum Sein tauglich macht, also der Frage nach dem Guten. Plato erwächst die Fragestellung aus der Sorge des Sokrates um die Standmöglichkeiten (*aretai*) des Menschen in der Welt, d.h. um jenes, was den Menschen zum Menschsein tauglich und tüchtig macht.

Aristoteles hat das Denken auf das Sein des Seienden und das Denken auf die Seinsmöglichkeiten des Menschen auf zwei Aufgabengebiete verteilt, auf die ontologische Metaphysik und die Ethik. Bei Plato aber bleiben beide Fragen zu einer einzigen zusammengefügt. Der Spätdialog *Philebos* stellt noch einmal die Frage nach dem für den Menschen Guten. Aber er stellt sie im Horizont der Frage nach dem Seinkönnen von Seiendem überhaupt und im ganzen. Der Dialog zeigt in seinem Fortgang, wie und weshalb die Frage nach dem für den Menschen Guten sich zu der Frage erweitert, was für das Seiende überhaupt gutsteht, und daß aus diesem Ausblick auf das Seiende überhaupt und seine Wesensart sich die *anfänglich* gestellte Frage allererst zureichend beantworten läßt. Weil aber die universal-ontologische Frage nach dem Sein im Sinne Platos in ihrer Herkunft auf der *sokratischen* Frage nach dem für den Menschen Guten vorgeführt wird, in welche diese universal-ontologische Frage am Ende dieses Dialogs auch zurückkehrt, deshalb ist Sokrates noch einmal in diesem Spätdialog der Dialogführer.

a) Das philosophische Gespräch

Die Gesprächspartner dieses Dialogs sind drei: Sokrates, Protarchos und Philebos, der Titelträger des Dialogs. Strittig ist das

Gute. Zwei Auffassungen stehen miteinander im Streit. Nach der einen beruht das Gute in der Freude, der Lust und dem Genuß (*hedone*). Nach der anderen liegt das Gute in der *phronesis* bzw. dem *noein*, dem Bedachtsein des Menschen auf sich selbst, im Sichbesinnen auf sich aus der Einsicht in das, was ist. Diese These wird von Sokrates verfochten.

Diese Auffassungen vom Guten begegneten uns bereits im *Staat*. Dort wurden sie *beide* als unzureichend abgewiesen. Hier dagegen wird ihr Gehalt breit entfaltet. Weshalb? Hat Plato nicht bereits eindeutig gezeigt, daß beide, Lust und Denken, vor dem von ihnen erhobenen Anspruch auf das Gute versagen? – Weshalb nimmt Plato diesen Streit noch einmal auf? Und ferner: Der Dialog ist benannt nach Philebos, dem Verfechter der Lust als des Guten. Das zeigt bereits an, daß das Wesen der Lust im Vordergrund des Dialogs steht. Ein Blick auf das Ganze des Dialogs zeigt, daß die größten Partien der Wesensanalyse der Lust und ihres Gegenteils gewidmet sind. Das Gegenteil der *hedone* heißt griechisch *lype*, ein Wort mit einem sehr weiten Bedeutungshorizont, für den wir im Deutschen kein Äquivalent haben: Schmerz, Trauer, Bedrücktsein, Niedergeschlagenheit, Depression, alles das ist in diesem Wort ausgedrückt. Nun kann man zwar mit Recht sagen, daß eine Behandlung von Lust und Unlust, und d.h. der Gefühle überhaupt, zu den Aufgaben der Philosophie gehört. Seltsam aber bleibt doch, daß diese umfangreichen Analysen der Lust und ihres Gegenteils ihren Ort innerhalb der Frage nach dem menschlich Guten haben. Weshalb diese Ausführlichkeit, wenn sich doch schon bald wieder zeigt, daß die Lust den Anspruch auf das Gute nicht zu erfüllen vermag? Noch seltsamer aber ist, daß statt Philebos, des Verfechters der Lust, ein anderer, nämlich Protarchos, die Verteidigung der These, die Lust sei das Gute, übernimmt. Und damit beginnt dann erst der Dialog, d.h. die philosophische Erörterung; denn Philebos erklärt die Lust für jeder Rechenschaft gebenden Begründung unbedürftig. So liegt er auf der *kline*, überläßt sich dem fraglosen Wohlbefinden und hört sich nur noch an, was die anderen erörtern. Er ruft die *Hedone* als Göttin an. Ihr öffentlicher Name, sagt er, laute zwar *Aphrodite*, ihr *wahrer* Name aber sei *Hedone*. Was will er damit sagen? Aphrodite ist die Göttin der Schönheit. Das Schöne aber ist das durch seine Gegenwart selbst dem Streben die Erfüllung Gewährende. Es weckt den *Eros*, den Drang nach der Gegenwart des Schönen. Wenn also der wahre Name der Aphrodite Hedone lautet, dann besagt das, das Schöne ist nichts anderes als ein Zustand, ein Zustand des Sich-wohl-Befindens, bei dem es nur darauf ankommt, in ihm zu verweilen. Das will wiederum sagen: Es gehört zum Wesen der Lust, daß sie sich selbst als einen Zustand des Erfülltseins empfindet. Auf diese Selbstevidenz der Lust zieht sich Philebos gegen jede Art von Begründung ihres Anspruchs auf das Gutsein zurück.

Sokrates faßt zu Beginn die beiden einander gegenüberstehenden Thesen zusammen. Nach Philebos, sagt er, sei das Gute für *alle* Lebewesen die Lust, denn alle Lebewesen sind empfindend und so der Lust fähig. Demgegenüber sei *seine* These, das Denken sei von höherem Rang für alle, die imstande seien, am Denken teilzuhaben. An der Formulierung dieser beiden Thesen ist etwas Bemerkenswertes: Philebos kennt nur ein Gutes für *alle* Lebewesen, Sokrates dagegen setzt das Gute gerade in eine Möglichkeit, die nur dem Menschen eigen ist.

Nun zeichnet zwar der *nous* den Menschen vor den anderen Lebewesen aus. Aber der Mensch verweilt nicht nur im Denken des Seienden, sondern ist immer auch schon von diesem her so oder so durchstimmt. Da die Frage auf das Gute für den Menschen geht, steht die Gegenwart des Sich-Befindens angesichts des Seienden von vornherein mit im Blick, denn sie gehört zum Wesen des Menschen.

Unter diesen Befindlichkeiten ist nun die Lust diejenige, die sich selbst als die in sich erfüllte empfindet. Daß die Lust die Erfüllung in sich selber zu finden trachtet, ist ein Faktum, das allem Beweisen- und Bestreiten-Wollen vorausgeht. Deshalb kommt jedes Denken auf das menschlich Gute in eine Auseinandersetzung mit der Lust, die jeder Suche nach einer Antwort schon zuvorgekommen zu sein und darum ein Suchen nach dem, was das Gute sei, überflüssig zu machen scheint. Weil aber die Lust andererseits ganz in sich selbst aufgeht, so ist sie auch nicht willens, ihren Anspruch auf das Gute eigens zu begründen. Das ist der Grund, weshalb, wenn überhaupt eine philosophische Erörterung stattfinden soll, ein anderer als Philebos die These übernehmen muß, das Gute sei die Lust.

Bevor das Gespräch beginnt, legt Sokrates zweierlei fest: *Erstens* komme es darauf an, bezüglich *beider* Thesen auf alle Weise die Wahrheit ausfindig zu machen. Sokrates holt sich also die Zustimmung ein, daß Protarchos bereit ist, seine These zur Prüfung freizugeben. Eines solchen Einverständnisses bedarf es gerade dann, wenn die *Lust* in die Prüfung genommen werden soll, die sich ja in sich zu verschließen trachtet. – *Zweitens* faßt Sokrates von vornherein die Möglichkeit ins Auge, daß keines von beiden, weder die Lust noch das Denken, das Gute für den Menschen zu sein vermöchte, so daß im Fortgang des Gesprächs sich ein Drittes zeigen könnte – immer in der Form der Möglichkeit gesprochen –, das den Anspruch auf das Gute erfüllt. Dann wären zwar beide, Lust und Denken, diesem Dritten unterlegen, aber es käme noch darauf an, welches von den beiden dem Guten mehr verwandt ist, ihm näher steht, mehr vom Guten an sich hat. Wie es auch damit stehen mag, Denken und Lust müssen, soll der Streit zwischen ihnen entschieden werden, zur Prüfung daraufhin freigegeben werden, was sie in Hinsicht auf die Ermöglichung eigentlichen Menschseins vermögen. Dazu aber müssen beide in ihrem Wesen aufgehellt und entfaltet werden. Und nun zeigt sich sogleich, daß sich die Lust einer solchen Wesensentfaltung widersetzt. Inwiefern und weshalb? Sokrates macht darauf aufmerksam, daß die Lust doch vielgestaltig sei und daß die Gestalten der Lust einander ungleich seien. Aber Protarchos ist entschlossen, dieses natürliche Verständnis der Lust seiner These zu opfern. Er antwortet mit der Unterscheidung der Lust selbst von dem, woran und worüber man Lust empfindet. Dieses kann mancherlei und sogar einander ungleich sein, die Lust jedoch selbst als solche bleibt das Eine und Selbe, erklärt Protarchos: In allem Wechsel, in aller Verschiedenheit, ja Gegensätzlichkeit dessen, was Lust bereitet, bleibt die Lust, was sie ist: das ganz von sich selbst erfüllte Aufgehen in die Gegenwärtigkeit des Sich-wohl-Befindens. Spricht Protarchos nur so, um seine These zu behaupten? Oder bringt er mit seinem Widerstand gegen eine Wesens*analyse* der Lust nicht in der Tat einen Grundzug der Lust selbst zum Vorschein? Springt die Lust nicht über alle sachhaltigen Unterschiede des Seienden hinweg, und läßt sie nicht alles und jedes nur in dem einen Charakter der Annehmlichkeit begegnen? Sie sieht das jeweils dem Menschen Begegnende nur im Rückbezug ihrer auf sich selbst an. Eine andere Hinsicht kennt sie als Lust nicht.

Das Gespräch droht also schon in seinem Beginn stecken zu bleiben. Soll es überhaupt weitergehen, bedarf es einer Auflockerung. Die versucht Sokrates, indem er darauf hinweist, daß auch jede Farbe jeder Farbe gleich sei, sofern sie eben als Farben betrachtet werden. Farbigkeit ist eine einheitliche Sicht, in der jede Farbe mit jeder in Gleichheit übereinkommt. Aber das schließt nicht aus, daß diese Sichteinheit sich in eine Mannigfaltigkeit unterschiedener, ja entgegengesetzter Sichten aufgliedert: schwarz – weiß und die dazwischenliegenden Farben (nach griechischer Farbenlehre). Die einzelnen Farben sind zwar alle von einer und derselben Herkunft und Abkunft, von dem *genos* Farbigkeit, aber sie bieten doch jeweils einen eigenen Anblick (*eidos*) dessen, was eine jede ist. Die Einheit des *genos* schließt die Verschiedenheit, ja Gegensätzlichkeit der *eide* nicht aus. Und zeigt sich nicht das, was die Farbe als Farbe ist, allererst dadurch, daß sich die vielen Einzel-Farben zeigen? Geht uns nicht dann erst auf, was Farbe als Farbe ist?

Protarchos gibt das zu. Er sagt, ein Einheitliches und Selbiges weise in diesem Falle sachhaltige Unterschiede auf, aber für die Lust *als* Lust seien diese Unterschiede gerade gleichgültig. Die Artikulation in die einzelnen Farben gehe zwar die Farbe *als* Farbe selbst an, aber die sachhaltigen Unterschiede dessen, was Lust bringt, artikulierten nicht den Lust-Charakter der Lust selbst, nämlich das Aufgehen in die Gegenwärtigkeit des Sich-wohl-Befindens. Also werde seine These nicht berührt. Sokrates aber macht Protarchos darauf aufmerksam, daß seine These ja nicht die Lust nur in die Hinsicht auf sich selbst stelle, sondern in die Hinsicht auf das Gut-Sein und dessen Gegenteil. Und das sei doch etwas ganz anderes. Protarchos aber setzt sich sogleich zur Wehr: Diese Unterscheidung von guter und schlechter Lust verkehre vollständig den Sinn seiner These, die ja gerade laute, die Lust als solche sei das Gute. Sokrates erinnert ihn daran, daß er doch Unterschiede, ja Gegensätze innerhalb der Lust zugebe. Darauf antwortet Protarchos, dieser Unterschied betreffe die Lust nicht, sofern sie Lust ist. Er hält also alle Lust in der einen Hinsicht, Lust zu sein, fest, und das gemäß einer im Wesen der Lust selbst herrschenden Tendenz, also nicht aus Rechthaberei.

So rückt das Gespräch nicht von der Stelle. Die Lust schließt sich in sich ein und läßt das durchsprechende Besprechen (*legein*) und damit eine Sacherschließung nicht zu. Soll auf eine Wesensentfaltung der Lust gleichwohl nicht verzichtet werden – und ohne sie ist die These nicht zu prüfen –, muß das *legein* in sein freies Wesen gerettet werden. Das kann nur so geschehen, daß der Gesprächspartner bereit ist zum besprechenden Durchsprechen der Sache, die zur Frage steht. Protarchos dazu zu bringen, darauf arbeitet Sokrates jetzt hin.

Er macht auf zweierlei aufmerksam. Protarchos hält die Lust in der Einheit des Namens Lust fest. Aber diese schließt eine Auseinanderlegung des mit dem einen Namen Benannten in sachhaltige Unterschiede nicht aus. Die Beschränkung des Blicks auf das Eine und Selbe, das der Name anzeigt, kann sachverdeckend sein. So kann man alles einander Ungleiche in Einem gesammelt ansprechen, eben als ungleich. Also kann man sagen, das einander Ungleiche komme in der Ungleichheit miteinander überein, also ist das Ungleiche einander gleich.

An diesem extremen, von Sokrates mit Absicht gewählten Beispiel wird deutlich, daß das ausschließliche Sichhalten an die in der gemeinsamen Benennung angezeigte Selbigkeit die Sicht auf die Sache versperrt, ja geradezu die Sache verstellt und entstellt. Es wird deutlich, daß das sacherschließende Gespräch, der *logos*, untauglich gemacht wird zu dem, was doch gerade seine Sache ist. Dieses sichtbare Verfallen an die Einheit des Namens ist eine Weise des sophistischen Scheins. Allerdings liegt der Grund für Protarchos' Verhalten nicht darin, daß er ein Sophist ist, sondern der Grund liegt in der Sache selbst. Diese bedroht das *legein* mit sophistischer Untauglichkeit. Deshalb gilt es, den *logos* in sein sachaufhellendes Wesen zurückzuretten, damit das Gespräch möglich wird.

Das Festhalten an der Einheit des Namens würde ferner nicht nur die Wesensentfaltung der Lust verhindern, sondern das ganze Gespräch unmöglich machen. Denn Sokrates hat das *Denken* im weitesten Sinne als das Gute beansprucht. Seine These würde in ihrem Gehalt verdeckt bleiben, wenn Sokrates sich weigerte, das mit Denken Gemeinte in seine Unterschiede auseinanderzulegen, und ebenfalls an der Einheit des Namens „Denken" festhielte. Beim Denken als dem Sein bei dem, was das Seiende ist, gibt es nämlich ganz offenbar verschiedene Arten; man betrachte nur die verschiedenen Wissenschaften. Bleibt es also beim Festhalten an der Identität des Namens und des darin Gemeinten, wird jede weitere sachliche Verständigung unmöglich. An dieser aber ist Protarchos gelegen, denn er hat ja eigens die These des Philebos übernommen, um sie zu verteidigen. Daher stimmt er zu, daß bei beiden Thesen die Verschiedenheit, die sie in sich befassen, mit zu berücksichtigen sei. Dieses Zugeständnis bringt die Auseinandersetzung erst auf einen Boden. Es bedeutet, wie Sokrates eigens hervorhebt, daß die beiden Unterredner nicht um jeden Preis an ihrer These festhalten wollen, sondern sie zur Prüfung freigeben, d.h. daß beide sich der Wahrheit verbinden wollen, die es im gemeinsamen Suchen aufzudecken gilt. Und das ist ein philosophisches Gespräch.

b) Das ontologische Grundproblem: Wie kann das Eine Vieles sein?

Mit dem Zugeständnis des Protarchos befindet sich das Gespräch auch schon im Umkreis einer grundsätzlichen ontologischen Problematik: Lust und Denken nennen zwar jeweils ein einheitlich Selbiges, aber dieses weist in sich selbst sachhaltige Unterschiede auf. Was heißt das anderes, als daß das Eine Vieles und das Viele Eines ist? Wie aber ist das möglich, daß Eines Vieles und Vieles Eines ist? Wie kann das Eine vielfältig sein und doch Eines bleiben?

Mit dieser Frage ist nicht gemeint, daß z.B. ein einzelner Mensch, der ja ein Eines ist, zugleich mancherlei sein kann: groß, klein, schwer, leicht – gemäß den verschiedenen Hinsichten, oder daß ein Tisch, der ein Eines ist, aus Beinen und Platte besteht, also das Ganze seiner Teile ist. Diese Weise der Vielfältigkeit eines Einen bereitet keinerlei Schwierigkeiten. Die Vielfältigkeit des Einzelnen, das doch ein Eines ist, ist nur der Widerschein einer ganz anderen, wesentlicheren Schwierigkeit, in welcher wir uns in allem Verhalten zu den Dingen immer schon bewegen, ohne es zu wissen. Diese enthüllt sich erst dem, der nicht nur immer auf einzelne Tische oder Bäume sieht, sondern auf das Tischhafte oder Baumhafte selbst, also auf die Einheit des Aussehens *aller* Tische oder Bäume, der also das *eidos* selbst in den Blick nimmt. Das Baumhafte z.B. bleibt in der Vielheit der einzelnen Bäume das Eine und Selbe, das *eidos* des Baumseins. Zugleich aber ist dieses Eine vielfältig, sozusagen unbegrenzt vielfältig, nämlich als die unübersehbare Vielheit der wirklichen und möglichen Einzel-Bäume. Der *Baum selbst*, wie es in der platonischen Sprache heißt, ist nicht nur in einer gewissen Hinsicht ein Eines wie das Einzelne, sondern eine *wesenhafte* Einheit.

Es stellen sich drei Fragen ein: 1. Soll man solche Einheiten als seiend annehmen, also z.B. außer den vielen Bäumen noch ein *eidos* des Baumes, das an und in allen Bäumen anwesend ist, ohne daß man es selbst mit Händen greifen kann? – 2. Die Einheit „Baum" faßt andere Einheiten in sich: Linde, Tanne usw. Wie kann eine wesenhafte Einheit in dieser Weise Vieles in sich befassen und doch Einheit bleiben? Wie steht es gar mit der noch umfassenderen Einheit, nämlich dem *eidos* des Lebens als solchem? Und schließlich: Was ist es mit *der* Einheit, die *alle* Einheiten, alle *eide* also, erst sehen und sein läßt? Sie ist die einheitlichste Einheit und als diese das Vielheitlichste. Wie ist das zu begreifen? – 3. Wie sind diese Einheiten in dem vielen kommenden und gehenden Einzelnen gegenwärtig? Entweder zerstreuen sie sich als Teile an das Viele und werden dann selbst zu Vielem, oder sie sind in jeglichem als Ganze gegenwärtig; dann sind sie, da das Viele ja getrennt auseinanderliegt, zugleich von sich selbst getrennt. Aber wie kann eine Einheit für sich sein und zugleich in Vielem auseinanderliegen?

Damit ist die Schwierigkeit in ihrem ganzen Umfang abgezeichnet, vor welcher jedes Verhalten zu Seiendem steht. Das gesamte Weltverhalten des Menschen steht nämlich unter der Spannung des Einen und Vielen. Denn eine Mannigfaltigkeit, welcher Art sie auch sei, wird immer erst durch eine Einheit hindurch gegenwärtig, also geeignet zum erkenntnismäßigen und praktischen Umgang. Jedes Ansprechen von etwas nimmt immer schon eine Mannigfaltigkeit in eine Einheit zusammen und legt zugleich diese Einheit in eine Mannigfaltigkeit auseinander. Wird aber diese Einheit, z.B. das *eidos* des Baumes, ihrerseits thematisch in den Blick genommen und durchgesprochen, dann wird sie wiederum zu Vielem und verlangt eine noch höhere Einheit usf. Jeder verstehende Umgang mit etwas verlangt eine Einheit, auf die hin das zu Verstehende verstehbar wird. Das Eine und Selbe kann in den Anblick des Vielesseins rükken, und zwar unbeschadet seines *Einheits*charakters. Wie ist das möglich? Jede Art des Umgangs mit dem Seienden bringt offenbar eine Verselbigung der Einheit und Vielheit zustande. Aus dieser Verselbigung zeigt sich erst Seiendes in seinem Sein.

Plato erklärt daher:

> „Wir behaupten, daß die verselbigende Selbigkeit des Einen und des Vielen, die durch das Ansprechen des Seienden über dieses aufgeht, überallhin, bei jeglichen Angesprochenen mitgeht, immerdar und seit ehedem und deshalb auch jetzt. Und das wird niemals aufhören und hat auch nicht erst jetzt begonnen, sondern es ist, wie mir scheint, ein unsterbliches und nie alterndes Widerfahrnis des eröffnenden Ansprechens von Seiendem in uns." (15 d 4-8)

Was bedeutet das – „in uns"? Dies „in", griechisch *en*, heißt bei den Griechen immer „im Bereich von...". Wer aber sind „wir"? Wir sind diejenigen Wesen, die sich eröffnend zum Seienden verhalten. In der Seele des Menschen selbst waltet eine Sicht für das Seiende, die Vernunft (*nous*). Die Vollzugsart dieser Vernunft ist ein Darlegen im Ansprechen und Durchsprechen, also ein *legein*. Der Mensch weilt in dem durch das *legein* eröffneten Bereich des Seienden, den wir auch die „Welt" nennen können.

Nun wird gesagt, die Verselbigung des Einen und Vielen gehe bei jedem im Ansprechen eröffneten Seienden auf, d.h. diese Verselbigung läßt überhaupt erst Seiendes als das Seiende begegnen, das es ist. Was also die Verselbigung über das Seiende aufgehen läßt, ist dessen Sein. Seiendes kommt folglich als Seiendes zum Vorschein durch die Verselbigung von Einem und Vielem. Worin aber das Seiende als ein solches zum Vorschein kommt, ist nach Plato die Idee. Was eine Idee als Idee ermöglicht, ist also die Verselbigung. Diese wäre das *Wesen* der Idee, aus dem her eine jede Idee erst als solche zu sein vermag. Also wird in dieser Verselbigung das Wesen des Guten angesprochen.

Dennoch bleibt unbegriffen, was diese Verselbigung des Einen und Vielen ihrerseits ist und wie sie überhaupt möglich ist. Und vollends ist die Frage nach dem *Menschlich*-Guten mit dem Hinweis auf die Verselbigung des Einen und Vielen in keiner Weise beantwortet; im Gegenteil, das Gespräch scheint diese Frage gerade aus dem Blick verloren zu haben.

Die Verselbigung des Einen und Vielen im *legein* eröffnet dem Menschen Seiendes in seinem Sein. Also ist sie die Wesensmöglichkeit des Menschen. Aber sie ist zugleich Ursprung einer wesentlichen Gefahr, in die der *logos* sich selbst stellt. Da das Eine und das Viele in Einem vereinigt werden müssen, damit Seiendes uns begegnen kann, können dem Menschen die Bezüge in Verwirrung geraten. Er kann z.B., obwohl eine Sache sachhaltige Unterschiede aufweist, alles in Eines zusammenrühren, aber auch umgekehrt dort, wo es sich um die Einheit der Sache handelt, sie in vieles aufdröseln und zergliedern und so ebenfalls ein Sachverständnis unmöglich machen. Dann begegnet das Seiende in einem Gewirr, in welchem das *legein* sich verirrt. Ja, auf diese Wirrnis kann es sogar eigens abgesehen werden. Diese im *logos* liegende Möglichkeit entfaltet sich nämlich zur sogenannten „Eristik", die zur Sophistik gehört. („Eristik" kommt von *eris*, welches Streit, Zwietracht, Hader, Wirrnis bedeutet.) Diese macht sich anheischig, alles und jedes widerlegen zu können. Sie gründet ihrer Möglichkeit nach im *logos* als der Verselbigung des Einen und des Vielen. Sie verkehrt die im *logos* verwahrte Möglichkeit der aufhellenden Eröffnung zur Ausbreitung der Verwirrung.

Angesichts dieser Gefahr der beirrenden Wirrnis muß ein Weg gefunden und gebahnt werden, auf dem das *legein* dem Seienden selbst nachgehen kann, indem es sich dieser Verwirrung erwehrt. Dieser Weg heißt griechisch *methodos. Methodos* bedeutet bei den Griechen noch nicht das Vorgehen nach einem schon ausgedachten Verfahren, sondern nennt die Wege oder den Weg, auf dem der Logos dem Seienden *nach*geht, ohne in die Verwirrung zu geraten. Dieser Weg des Nachgehens wird allererst gebahnt und gewinnt seine Richtungsbestimmtheit aus der wachsenden Erschließung der Dinge, um die es geht.

Sokrates weist uns einen solchen Weg, den er, wie er sagt, immer wieder gegangen sei. Und jedesmal, wenn er ihn verlassen habe, habe er selbst ausweglos und verlassen dagestanden. Diesen Weg zu weisen, sagt Sokrates, sei leicht, ihn zu gehen – und d.h. auch immer: auf ihm zu bleiben – sehr schwer. Es sei dies der Weg, auf dem der Mensch jede Art von wissendem Umgang mit dem Seienden erlernt habe. (Ein Umgang mit einer Sache, der sich auf die Sache versteht, der also von einem Sachverständnis geleitet ist, heißt griechisch *techne*.) Dieser Weg sei, so sagt Sokrates, nicht von ihm erfunden, sondern eine Gabe der Götter an die Menschen, eine Gabe, die einmal von einem gewissen Prometheus zusammen mit einem hellerglänzenden Feuer vom Himmel auf die Erde geschleudert worden sei. Dank dieser Gabe sei der Mensch begabt mit einer Sicht für das Seiende selbst. Worin besteht diese dem Menschen die Welt allererst aufhellende Sicht? Darin, daß alles, von dem wir sagen: es ist, aus Einem und Vielem besteht. Im Lichte dieser Sicht der Identität des Einen mit dem Vielen als Wesensart des Seienden selbst wird überhaupt erst ein Ansprechen von etwas als dieses oder jenes, als so oder anders, also ein Verhalten des Menschen zum Seienden möglich. Denn was heißt, etwas als etwas anzusprechen, anderes, als daß ein Eines Vieles und das Viele zugleich Eines ist, also Identität von Einem und Vielem. Erst wo diese aufleuchtete und dem Menschen einleuchtete, wurde der Mensch Mensch. Demnach ist das Seiende anwesend und da aus einer *zweifachen* Herkunft: Einheit und Vielheit oder, anders ausgedrückt: Jedes Seiende, sofern es ist, vereint in sich Grenze und Unbegrenztheit (*peras* und *apeiria* bzw. *apeiron*). Denn das Viele rein als solches genommen, ohne jeden Hinblick auf Einheit, ist unbegrenzt. Und der Grundcharakter der Einheit ist die Begrenzung.

Machen wir uns dieses Verhältnis von Unbegrenztheit und Grenze an einem einfachen Beispiel klar: Wenn ich sage: Dies da ist ein Haus, dann spreche ich eine Mannigfaltigkeit in Einem an. Was ist dieses Mannigfaltige ohne die Sicht auf dieses Eine? Nun, etwa Wände und Dach. Aber wenn ich jetzt auf die Wand oder auf das Dach sehe, dann habe ich bereits wiederum auf eine andere Weise ein Mannigfaltiges in ein Eines zusammengenommen. Was ich auch immer fasse, es ist eine Einheit, die in sich ein Vieles birgt. Und das kann ich ins Unbegrenzte fortsetzen. Das heißt aber: Das Viele als solches, ohne jede Hinsicht auf Einheit, ist in sich selbst unbegrenzt. Das aber, was dieses Vielerlei *ist*, etwa Haus, ist ein Eines. Dieses Eine eint das Mannigfaltige zu Einem, grenzt es von allem anderen ab, so daß es eben dieses und kein anderes ist, z.B. ein Haus.

So hat das Haus eine zweifache ontologische Herkunft, nämlich aus dem Unbegrenzten, dem Vielen, und der begrenzenden Einheit. Aus diesen beiden Herkünften steht es zu uns her als das, was es ist. Das griechische Wort *peras* meint also nicht das, wobei etwas aufhört, das Ende, sondern *peras* ist der ein Seiendes umschließende Umriß und darum zugleich der innere Aufriß des Seienden. Anders gesagt: Die Grenze ist nicht das Ende, sondern der Anfang, von dem her überhaupt etwas das zu sein beginnt, was es ist, und in dem es sich hält, solange es ist. Daß alles Seiende aus *peras* und *apeiron* besteht, besagt also: Es ist anwesend aus dem Umrißlosen in den Umriß hinein. Aber das Seiende läßt seine Herkunft aus dem Umrißlosen nicht einfach hinter sich, sondern dieses geht ein in das zustande gekommene Seiende. Unbegrenztes und Begrenzendes wachsen zu einem Einigen, dem jeweils Seienden, zusammen. Die *Art* des Seienden selbst ist dieses Zusammengewachsensein der beiden, diese Konkreszenz von Grenze und Unbegrenztheit.

Die unermeßliche Vielfältigkeit ist also immer schon zusammengewachsen mit der begrenzenden Einheit. Der *erste* Schritt der Erfassung, der Erkenntnis des Seienden, besteht deshalb darin, bezüglich der vorliegenden Vielfältigkeit Ausschau zu halten nach einer das Vielfältige in sich befassenden einheitlichen Sicht. So gilt es z.B., die unermeßliche Vielfalt der einzelnen Lebewesen *einheitlich* erst einmal in die Sicht zu bekommen *als Lebewesen*. Diese Sicht, die dem Vielfältigen selbst innewohnt, läßt das sehen, was sie alle einheitlich sind: Lebewesen. Nun genügt es bei weitem nicht, das unbegrenzt Viele zugleich unmittelbar als ein Eines zu sichten und dieses Eine wiederum, Lebewesen, als ein unbegrenzt Vieles anzusehen. Das ist nur der erste Schritt. Vielmehr gilt es zu sehen, ob sich das in Eines zusammengefaßte Viele nicht in zwei oder vielleicht in mehrere Einheitshinsichten zusammenfassen läßt, so daß diese umfassende Sicht in mehrere Sichten zerlegt wird, etwa in die Untergattung der Gattung Lebewesen. Diese von der obersten Sicht umfaßten Einheitshinsichten müssen dann wiederum daraufhin angesehen werden, ob sie sich nicht ihrerseits wieder in Sichten gliedern lassen, z.B. in die Arten der Lebewesen und diese wieder in die Unterarten.

Auf diesem Wege – und das ist das Entscheidende – der fortschreitenden Artikulation des in Eines versammelten Vielen wird nicht nur gezeigt, daß das Eine, Lebewesen, Vieles ist, sondern es wird gezeigt, *wievieles* das Eine ist. Das Viele erhält eine Bestimmtheit. Es ist nicht mehr das bloße Viele, das lediglich in einer Einheit zusammengefaßt ist. Das Erfassen von Seiendem ist also eine Vereinheitlichung des Vielen, welche zugleich eine Vervielfältigung des Einen ist. Und auf diese Vervielfältigung des Einen kommt es an, denn durch sie wird das zunächst unbegrenzt unbestimmte Viele in eine *Vielheit* von Einheiten verwandelt. Und darauf gerade kommt es an. Die Vereinheitlichung des Vielen als Vervielfältigung des Einen zu einer Vielheit von Einheiten läßt das Seiende überhaupt erst als seiend erscheinen. Die Idee ist deshalb nicht eine einfache Einheit, sondern sie ist eine Einheit von Einheiten, sie ist Vielheit. Das ist der Weg, den Sokrates weist. Erst am Ende des Weges, d.h. erst dann, wenn die zuletzt gefundenen Sichten in sich unauflösbar sind, tritt die Hinsicht des Unbegrenzten in ihr Recht, die gar nichts anderes bedeutet als die Unmöglichkeit einer weiteren Begrenzung. Mit dieser letzten Grenze ist erreicht, daß das Seiende in dem erfaßt ist, was es selbst *ist*, also in seiner Idee.

So erweist das Sein des Seienden sich als eine Einheit von Einheiten. Seiendes ist anwesend und wird erkennbar durch die Artikulation einer umfassenden Sicht in eine Mannigfaltigkeit von Sichten. Und dabei muß man so weit gehen, wie eine solche Artikulation möglich ist. (Diese zur Einheit versammelte Mannigfaltigkeit von Sichten können wir sach- und wortgerecht mit Fichte "Gesicht" nennen; denn die deutsche Vorsilbe „ge-" hat kollektive oder versammelnde Bedeutung. Die Idee ist eine Einheit von Sichteinheiten, also ein „Gesicht".) Die Erfassung des Seienden macht das Eine zum Vielen und das Viele zum Einen, aber so, daß das Eine gerade nicht in *dem* zum Vielen wird, worin es Eines ist; in diesem bleibt das Viele Eines, z.B. die Arten der Lebewesen in ihrem Lebewesensein; das Lebewesensein als solches bleibt ein Eines und Selbes.

Sokrates verdeutlicht dies Verfahren noch an der Artikulation des Lautes. Der von uns hervorgebrachte Sprachlaut stellt eine unbegrenzte Mannigfaltigkeit dar. Diese ins Unbegrenzte gehende Mannigfaltigkeit ist ein Eines und Selbes: Laut. Aber diese unbegrenzte Vervielfältigung des Einen und die Vereinheitlichung des Mannigfaltigen zu Einem macht uns noch nicht sprachkundig. Erst wenn es uns gelungen ist, die unbegrenzte Lautmannigfaltigkeit in ein *Soviel* von Lauten zu verwandeln, d.h. zugleich den Laut als solchen in eine Vielheit von fest umrissenen Lauteinheiten zu artikulieren, können wir mit den Lauten sachgerecht umgehen und verstehen uns auf das Sprechen. Die Lauteinheiten (a, b, c usw.) halten sich als dieselben bei allen stimmlichen Unterschieden und Schwankungen durch und können darum in Buchstaben gefaßt werden. Diese Laute, die also in Buchstabenzeichen gefaßt werden, haben bereits den Charakter des *eidos*. Die Sprache ist in ihren lautlichen Elementen selber bereits eidetisch.

Und das gilt für jeden Bezirk des Seienden. Wir können uns darin nur dann sachverständig bewegen, wenn wir eine ins Unbegrenzte gehende Mannigfaltigkeit von Einzelheiten in eine einheitliche Sicht zusammennehmen und dieser auf ihre mögliche Artikulation in Einheiten nachgehen. Der Blick auf das Unbegrenzte des jeweilig Einzelnen setzt dem Erkennen ein Ende. Deshalb kommt alles darauf an, die unbegrenzte Mannigfaltigkeit des anderen und immer anderen in eine Vielheit von Einheiten festzustellen, eben durch Vervielfältigung des Einen, soweit uns das möglich ist.

In diesem Augenblick der Erörterung mischt sich nun überraschenderweise Philebos ins Gespräch. Er sagt, ihm gefielen die Ausführungen des Sokrates gut, d.h. also, sie bereiten ihm einen intellektuellen Genuß. Aber er verstehe gar nicht, was das mit der Sache zu tun habe, um die es hier gehe. In der Tat scheint sich das Gespräch allzu weit von der strittigen Frage entfernt zu haben. Sokrates antwortet, Philebos frage zu Recht nach diesem Zusammenhang, aber ein solcher bestehe nicht nur, sondern mit diesen Erörterungen ständen sie schon inmitten der strittigen Frage.

Aber was hat das Problem des Einen und Vielen und das der Seinsstruktur des Seienden mit dem Streit der beiden Thesen zu tun, ob die Lust oder das Denken das Gute sei? Was meint Sokrates, wenn er behauptet, sie steckten mitten in der strittigen Sache? Es kann nur heißen, daß der erste grundlegende Schritt zum Austrag und zur Entscheidung des Streites getan ist, nämlich insofern, als der Weg gewiesen ist, auf dem der Frage sachgerecht nachgegangen werden kann. Die Frage, ob das Denken oder die Lust das Gute sei, kann erst entschieden werden, wenn zuvor beides, Denken und Lust, im je eigenen Wesen erfaßt ist. Die Wesenserfassung überhaupt hat die Gestalt der Vereinheitlichung des Vielen als Vervielfachung des Einen. Auf diesem Wege wird erst ein zureichendes Sachverständnis erlangt. Wie aber kann die Frage überhaupt entschieden werden, ohne daß beides, Lust und Denken, zu Gesicht gebracht ist? Ihr „Gesicht“ zeigt aber eine Sache durch Zergliederung des Einen in eine bestimmte Vielheit von Einheiten. So ist die Bahn in der Tat eröffnet, auf der das Fragen der Sache sachgerecht nachgehen kann; die Methode ist bestimmt, der Weg ist gebahnt.

Aber nun bewahrheitet sich das, worauf Sokrates zu Beginn der Erörterung schon hingewiesen hatte. Den Weg zu *zeigen*, also die Methode zu entwickeln, sei gar nicht so schwer, ihn aber selbständig zu *gehen*, das sei sehr schwer: Protarchos wäre jetzt gehalten, die Lust in ihrem Wesen erst einheitlich zu Gesicht zu bringen und durch eine Wesensanalyse die verschiedenen Arten der Lust darzustellen. Ebenso wäre Sokrates genötigt, das Denken einheitlich zu Gesicht zu bringen und die verschiedenen Weisen des Denkens zu artikulieren. Eine solche Aufgabe möchte sich Protarchos nicht zumuten, und deshalb fragt er, ob es nicht einen kürzeren Weg zur Entscheidung der Frage, ob die Lust oder das Denken das Gute sei, gebe. Sokrates läßt sich darauf ein. Er versucht einen kürzeren Weg zu gehen, mit dem Ergebnis, daß dieser kürzere Weg genau zu der Stelle führt, an der einsichtig wird, daß der längere Weg unumgänglich ist. Das zeigt sich aber erst, indem er den kürzeren Weg geht.

c) Die vorläufige Entscheidung der Frage nach dem Guten

Sokrates erinnert zunächst an die Möglichkeit, daß weder die Lust noch das Denken das Gute sein könnten, sondern daß es vielleicht ein Drittes gäbe, welches das Wesen des Guten erfüllen könnte. Das Gute ist aber in jedem Fall die leitende Hinsicht für alles Tun und Lassen des Menschen. Deshalb gilt es zunächst auszumachen, was denn unter diesem Guten immer schon verstanden ist, denn verstanden ist es irgendwie, da ja das menschliche Leben sich immer schon in einem Vorverständnis dessen hält, worauf es ihm bei allem ankommt. Dieses Vorverständnis bedeutet noch keine *Erfassung* des Guten in dem, was es *ist*; wohl aber können wir an ihm, wenn wir es explizieren, gewisse Charaktere sichten, an denen dann die beiden Thesen gemessen werden können. Es kommt also darauf an, einen Vorbegriff des Guten durch Explikation des natürlichen Vorverständnisses zu gewinnen. Darin besteht das Vorläufige dieses Gedankengangs.

Gut ist das, was in sich vollendet ist. Vollendet ist, was in seinem Zum-Ende-Gekommensein ganz das ist, was es überhaupt sein kann. Das Gute ist daher das sich selbst Genügende, das sein Auskommen mit sich hat, so daß nichts mehr an ihm aussteht (griechisch: *hikanon*).

Nun ist die Frage: Ist die Lust von dieser Art? Hat sie, für sich genommen, ihr Auskommen mit sich selbst? Kann sie überhaupt ohne das Denken auskommen? Es scheint zunächst so zu sein. Die Lust trachtet ja nach dem vollständigen Aufgehen in die Gegenwart des Sichwohlbefindens. Sie will nur von sich erfüllt sein. Aber Lust ist immer auch ein *Sich*fühlen im Fühlen von etwas. Wie aber kann der Fühlende im Fühlen *sich* fühlen ohne ein Denken? Erst durch das Denken ist der Lust Fühlende sich in seinem Gefühl gesichtet und offenbar. Daß die Lust ihr Auskommen allein mit sich selbst habe, ist also eine Selbstverkennung der Lust, die in ihrem Wesen selbst liegt. Lust ist die ganz von dem Erfreulichen erfüllte Hingabe an dessen Gegenwart. Dieses Aufgehen ins Erfreuliche tendiert zu einer Selbstvergessenheit. Das Denken dagegen bringt den Menschen immer gerade zu sich zurück und vor sich selbst. Deshalb steht die Lust im Anschein der Unbedürftigkeit seitens des Denkens. Sokrates aber erinnert daran, daß der Mensch gerade auch in der *selbst*vergessenen Hingabe an die Gegenwart des Erfreulichen *sich* fühlt, d.h. sich selbst offenbar ist. Auch noch die Selbstvergessenheit in der Lust ist eine Weise des Wissens des Menschen von sich selbst. Wäre der Mensch in der selbstvergessensten Hingabe an das Lustbringende sich selbst nicht mehr fühlbar, dann wäre auch alle Lust schon aufgehoben. Ferner geht die Lust zwar auf die Gegenwart des Erfreulichen, aber ist es bei dieser Gegenwart nicht auch auf eine *Dauer* abgesehen, ein Verweilen in dem Zustand des Sichwohlbefindens? Ein Dauerndes aber kann in seiner Dauer nur vernommen werden, wenn der Mensch sich behaltend-gewärtigend verhält, und das ist nicht möglich ohne Denken.

Daß aber auch umgekehrt ein Leben im reinen Denken ohne alle Lust und Freude nicht das in sich Vollendete, das mit sich selbst Auskommende, also nicht das Gute sein kann, wird nicht bewiesen, sondern einfach nur festgestellt. Die These, daß das Denken das Gute sei, besagte ja nur, daß sie vor der Lust den Vorrang behaupte; also hat sie von vornherein nicht das Freisein von aller Lust gemeint. Auch das Denken hat ferner die Struktur des „Mitseins mit...", und insofern kann es für sich *allein* nicht das Wesen des Guten ausmachen.

So stellt sich heraus: Weder die Lust noch das Denken gewähren, für sich allein genommen, dem Menschen das Gute. Die Lust kann ohne das Denken nicht Lust sein, und ein freudloses Denken ist ebenfalls nicht das Gute. Also kann das Gute nur ein aus Denken und Lust irgendwie gemischtes Leben sein.

Mit dieser Feststellung hat nun das Thema, die Frage nach dem Menschlich-Guten, erst die genaue Fassung erhalten. Erst jetzt ist die Frage nach dem Menschlich-Guten in eine angemessene Fragestellung verwandelt worden. Denn diese Fragestellung zeichnet bereits die weitere, alles entscheidende Frage vor: *Wie* müssen Lust und Denken gemischt sein, d.h. welchen Anteil haben Denken und Lust innerhalb der Mischung, die allein das geglückte menschliche Leben sein kann? Das Gute liegt nicht in der Lust oder im Denken, sondern im Wie des Gemischtseins beider. Das heißt grundsätzlich, das Gute des menschlichen Lebens liegt überhaupt nicht in diesem oder jenem Seienden, sondern in einer Weise des Seins, d.i. einer Verfaßtheit der Mischung von Denken und Lust.

Ist damit, daß sich das Gute als Mischung erwiesen hat, der Streit der beiden Thesen hinfällig geworden? Keineswegs. Er hat nur im Hinblick auf die endgültige Fragestellung eine andere Gestalt bekommen. Er ist jetzt nämlich unter die Frage zu stellen: Wenn das Gutsein im Wie der Mischung liegt, was gibt denn für diese Mischung den maßgeblichen Hinblick? Das Denken oder die Lust? Der These des Sokrates gemäß ist das Denken diesem Tauglichmachenden mehr verwandt als die Lust, daher fällt dem Denken innerhalb des Ganzen dieser Mischung der bestimmende Anteil zu. Umgekehrt muß die Gegenthese natürlich lauten: Lust ist zwar nicht das, was sie sein kann, ohne das Denken, und deshalb muß ihr das Denken eingemischt bleiben, aber das Denken steht im Dienst der Lust als deren Ermöglichung.

Dieser Fassung des Streites entspricht genau der Stand der Erörterung. Denn es hatte sich ja gezeigt: Weder kann die Lust ohne das Denken Lust sein; deshalb ist sie nur in Gemeinschaft mit dem Denken das Gute, wenn sie es ist. Aber auch das lustlose Denken kann nicht das Gute sein. Das braucht nicht erst bewiesen zu werden. Strittig bleibt aber gerade, worauf es bei dieser Mischung ankommt: auf die Lust oder auf das Denken. Wer nimmt wen in den Dienst?

Das, was ein anderes in den Dienst nimmt, wird hier *aitia* genannt. Das griechische Wort *aitia* nennt bei dem Zustandekommen von etwas das, was dabei das maßgeblich Bestimmende ist, dergestalt, daß dieses in dem Zustandegebrachten mit enthalten ist. *Aitia* nennt also das, was eine Sache zu der Sache bestimmt, die sie ist. Auf den Streit bezogen heißt das: Bestimmt nun die Lust oder bestimmt das Denken das Wie der Mischung beider? Das, wodurch die Mischung eine gute Mischung ist, das ist es, was jetzt zur Frage steht: Entweder ist dabei das Denken das Bestimmende oder die Lust.

Die Dialogpartner blicken an dieser Stelle auf den Verlauf des Wettstreites zwischen Denken und Lust zurück. Die Lust ist im Kampf um die erste Stelle erlegen; sie kann ja selbst und allein nicht das Gute sein. Protarchos fügt hinzu, das Denken habe gut daran getan, den ersten Preis von vornherein allein gar nicht zu beanspruchen, denn dann wäre es ihm ebenso ergangen. Jetzt beginnt der Kampf um den *zweiten* Platz, d.h. es gilt zu sehen, worauf es bei der Mischung primär ankommt.

Sokrates fragt seinen Gesprächspartner, bevor diese Erörterung beginnt, ob es nicht besser sei, die Lust nunmehr sich selbst zu überlassen und ihr nicht noch mehr wehe zu tun, als das bereits geschehen ist, für den Fall, daß sie vielleicht nicht einmal den zweiten Platz behaupten könne. Das heißt aber: Bevor die endgültige Auseinandersetzung beginnt, vergewissert sich Sokrates, daß sein Partner nicht seiner These, sondern der *Wahrheit* zugetan ist. Protarchos antwortet, sie müßten jetzt bei diesem Gespräch ausharren, bis es zu Ende und zur Entscheidung gebracht sei. Und nur diese Haltung ermöglicht das folgende Gespräch.

Es geht darum, was den maßgeblichen Hinblick für die Mischung abgibt. Sokrates kündigt an, daß der Austrag und die Beantwortung dieser Frage ganz neue und umfängliche Veranstaltungen erforderlich machten. Einiges freilich könne von dem Vorausgegangenen in das Folgende hinübergenommen werden, nämlich die Grundunterscheidung von Grenze und Unbegrenztem. Denn es hatte sich ja gezeigt, daß jegliches Seiende aus diesen beiden die Herkunft hat. Alles, was ist, steht mithin in einer zweifachen Sicht. Aber diese Sichten sind gerade nicht getrennt, sondern im Sein des Seienden vereinigt, d.h. gemischt. Die Seinseinheit eines jeden Seienden ist die Einheit der Mischung von Unbegrenztem und Begrenzendem. Also tritt zu diesen beiden Sichten noch eine dritte hinzu, nämlich die Sicht auf die Mischungseinheit von Unbegrenztem und Begrenzendem. So haben wir schon drei Ideen: Unbegrenztes, Grenze und ihre Vereinigung, ihre Mischung. Aber es zeigt sich, daß es noch einer vierten Hinsicht bedarf: des Hinblicks auf die *aitia* der Mischung, nämlich auf dasjenige, wodurch das Wie des Gemischtseins maßgeblich bestimmt ist. Das wäre die vierte Idee, die im Folgenden, wie wir sehen werden, auf eine ganz unerwartete Weise zum Vorschein kommt.

d) Die Lehre von den vier Gattungen des Seins von allem, was ist

Die vier Ideen sind die konstitutiven Bestimmungen des Seins eines jeglichen, und sie machen zugleich das Mischungswesen als solches aus. Da jede dieser Ideen eine Mannigfaltigkeit in sich befaßt, fragt sich, worin denn ihre Einheit besteht. Die Einheit der Sicht des *apeiron* besteht allein darin, daß das *peras*, also die Bestimmtheit, von ihm ausgeschlossen ist. Zur Sicht auf das *apeiron* gehört das Wegsehen von der bestimmenden Grenze. Aus dem Gegensatz zum *apeiron* läßt sich die Einheit des *peras*-haften ersehen, nämlich die Bestimmtheit dessen, was etwas ist.

Die Umgrenzung der dritten Idee, der Mischungseinheit, bereitet dem Denken Schwierigkeiten. Denn wie sollen beide in eine Einheit zusammengehen, wenn doch die Einheit des *apeiron* im Ausgeschlossensein von der Grenze besteht? Eine Wesensanalyse der Mischung als solcher müßte also an den Tag bringen, wie *apeiron* und *peras* in eine Einheit zusammengehen können. Was also ist eine Mischung, sofern sie eine Mischung ist? Nicht jede Zusammensetzung von Elementen ist schon eine Mischung. Bleiben diese in der Zusammensetzung, was sie sind, handelt es sich nur um ein Gemenge (wie etwa bei Öl und Wasser). Die Mischung muß selber eine Einheit bilden. Andererseits aber dürfen die Bestandteile einer Mischung nicht gänzlich aufhören zu sein, was sie vorher waren, sonst wäre das Ganze ebenfalls keine Mischung, sondern das Werden eines ganz und gar Neuen im Vergehen des vorher Bestehenden. Vielmehr müssen die Bestandteile der Mischung eines das andere bei sich einlassen, d.h. einander Raum gewähren. Sie bleiben aber nicht, was sie vor ihrem Zusammentreten waren, sondern indem eines das andere bei sich einläßt, wandeln sie sich, geht ein Drittes aus ihnen hervor: die Einheit beider.

Wenden wir das zunächst auf das *apeiron* an: Es ist, für sich genommen, das Andere und immer Andere, also das Mehr und immer Mehr oder das Weniger und immer Weniger. Es ist also das Übergängige an ihm selbst. Wenn es sich mit der Grenze eint, hört es nicht vollständig auf, das zu sein, was es war, aber es wandelt sich. Es hört nämlich auf, ins Andere und immer Andere fortzugehen, sofern es eingeht in eine Grenze. Aber es wird nicht selbst zur Grenze, sondern ist das unablässig aus der Grenzenlosigkeit in die Grenze Eingehende. So bleibt es zwar das Übergängige, aber der Übergang ins Andere und immer Andere wird zu einem Gang in die Grenze.

In dieser Vereinigung wandelt sich nun auch die Grenze. Indem nämlich das Unbegrenzte in die Grenze eingeht, wird diese zu etwas Begrenzendem, wird die Bestimmtheit zu etwas Bestimmendem. Das Begrenzende ist, was es ist, indem es solches begrenzt, dem von sich her die Grenze abgeht, also das Unbegrenzte. Daher muß die Grenze, um begrenzend sein zu können, dem Unbegrenzten in sich Raum gewähren. Allein dadurch tritt sie selbst in das Licht ihres Wesens heraus. Umgekehrt kann das Unbegrenzte als solches ohne alle Begrenzung überhaupt nicht in die Sicht gelangen, weil zur Sicht eben Begrenzung gehört. So also gehen Unbegrenztes und Grenze eine Mischungseinheit ein, welche die Art des Seienden selbst ist.

Durch den Gang des Unbegrenzten in die Grenze kommt Seiendes erst zustande. Diesen Gang des Unbegrenzten in die Grenze kennzeichnet Plato als *genesis*. Griechisch heißt *genesis*: hervorkommen, zum Vorschein kommen, ins Licht treten. Etwas aber kommt zum Vorschein in dem, was es ist, durch den Eingang in die es umschließenden Grenzen seiner Gestalt. Das Seiende ist also, was es ist, immer von der umschließenden Grenze her. In dieser Grenze kommt es zum Stehen, kommt es allererst zu Stande. Darum macht das *peras* den Seinsbestand des Seienden selbst aus, die *ousia* des Seienden. Die Art des Seienden ist daher *genesis*, unablässiger Hervorgang in den Seinsbestand, *genesis eis ousian* (26 d 8). So ist also die Seinsart der Dinge selbst ein Werden, aber nicht im Sinne der unbestimmbaren Veränderung, sondern als ständiges Übergehen in die umschließende Grenze.

Die Mischung – so hat sich gezeigt – macht das Sein eines jeglichen Seienden aus, also die Art des Seienden als solchen. Bei dem menschlich Guten aber, das ja bei dieser Erörterung in Frage steht, geht es um eine *bestimmte* Mischung, nämlich die von Denken und Lust. Alle Mischung birgt die ontologischen Charaktere von Unbegrenztem und Grenze in sich. Heißt das nun, daß diese beiden Bestandteile der Mischung, Lust und Denken, dem Unbegrenzten einerseits und andererseits dem Begrenzten zuzuweisen sind? *Peras* und *apeiron* sind allgemeine ontologische Charaktere jeder Mischung, Lust und Denken Elemente einer *spezifischen* Mischung, nämlich des menschlichen Lebens. Deshalb legt sich die Frage nahe, wie Lust und Denken jeweils zu den beiden ontologischen Charakteren *apeiron* und *peras* stehen.

An dieser Stelle des Gesprächs meldet sich Philebos noch einmal zu Wort. Er erklärt, die Lust sei grenzenlos, und wegen ihrer Unbegrenztheit sei sie das ganze Gute. Der Lust sei eben dieses ins Unbegrenzte fortschreitende Mehr und Mehr von Haus aus eigen, und das mache gerade das Gute an ihr aus. Die Lust gehöre ihrem eigenen Selbstverständnis nach zum *genos* des *apeiron*, denn sie sei einer unaufhörlichen Steigerung fähig, und zwar an sich selbst, als Lust. Dieses Mehr charakterisiere die Lust gerade als Lust, so Philebos.

Sokrates wendet ein, daß umgekehrt diese Grenzenlosigkeit den Schmerz zum allerärgsten Übel mache. Aber wenn es so steht, dann kann der Anteil der Lust am Guten nicht in ihrer Schrankenlosigkeit bestehen. Dieselbe Schrankenlosigkeit, die Steigerung der Intensität wäre Grund für das Gute *und* für das Schlechte. Also kann die Schrankenlosigkeit es nicht sein, welche das Gutsein der Lust ausmacht. Die Lust gehört, ihrem eigenen Selbstverständnis nach, zur Wesensart des Unbegrenzten. Das Gute aber hat sich als eine Mischung erwiesen. Mischung aber ist ihrem Wesen nach durch Begrenzung des Unbegrenzten bestimmt. In Bezug auf die These des Philebos zeigt sich also, daß die Lust zufolge ihrer Maßlosigkeit angewiesen ist auf anderes, das ihr allererst den Anteil an der Mischung, also am Guten bestimmt.

Nun ist zu fragen, zu welchem *genos* das Denken, das andere Element der Mischung, gehört. Diese Frage ist innerhalb des hier vorgezeichneten Problemkreises leicht zu beantworten. Denken ist in seinem Grundzug Erblicken dessen, was etwas ist. Das Was-es-ist aber grenzt das durch es bestimmte Seiende auf sich selbst ein, umgrenzt es als ein Dieses. Das Denken gehört also seiner Natur nach der Idee des *peras* zu, und damit ist der Streit entschieden: Zwar macht das Denken nicht das ganze Wesen des Guten aus, aber innerhalb der Mischung von Denken und Lust, welche das Gute des menschlichen Lebens ausmacht, ist das Denken das maßgeblich Bestimmende, weil ihm ja die bestimmende Grenze eigen ist. Das bedeutet aber: *Wie* Denken und Lust zu mischen sind, welchen Anteil beide an der Mischung haben, welche das Gute ist, ist durch das Denken zu bestimmen.

Damit hat sich herausgestellt, welches die *aitia* der Mischung ist, die das Gute des Menschseins ausmacht. Es ist das Denken, d.h. einer der beiden Bestandteile der Mischung ist auch dasjenige, was den jeweiligen Anteil seiner selbst und des anderen innerhalb der Mischung bestimmt. Folglich ist die Frage nach dem Guten des menschlichen Lebens, worin es besteht, eine Sache der Philosophie und keiner anderen Wissenschaft, weil allein die Philosophie das Denken rein vollzieht. Damit ist die Entscheidung gefallen: Das Denken macht keineswegs das ganze Gutsein menschlichen Lebens aus, welches vielmehr eine Mischung aus Lust und Denken ist. Aber es ist das maßgeblich Bestimmende für die Art der Mischung und nimmt deshalb den zweiten Platz innerhalb des Rangwettstreites ein.

Ist damit die Erörterung am Ziel? Was ist erreicht? Gewonnen ist die Einsicht in den Mischungscharakter des Guten. Ferner hat das Denken sich als das maßgeblich *Bestimmende* für diese Mischung herausgestellt. Aber damit ist die Frage nach dem, worin das menschlich Gute besteht, doch nur in einem allgemeinen Umriß beantwortet.

Die Lust gehört mit zum Guten menschlichen Lebens. Aber die bloße Zuweisung der Lust an das *genos* des Unbegrenzten vermag ihren Anteil an dem Guten nicht zu klären. Die Frage ist vielmehr: Wie vermag die Lust, wenn sie an sich selbst zum Grenzenlosen gehört, in Maß und Grund einzugehen, und zwar so, daß sie noch Lust bleibt? Denn nur, wenn sie Lust bleibt, bildet sie einen Anteil an dem Guten für den Menschen. Ist es der Lust aber überhaupt eigen, in Maß und Grenze eingehen zu können? Oder sind es nur bestimmte *Arten* der Lust, die dazu fähig sind, und wenn ja: Welche sind es? So zeigt sich, daß die Einsicht in die seinsmäßige Herkunft aus dem *apeiron* nicht ausreicht, wenn es gilt, den Anteil der Lust am Guten zu bestimmen und einsichtig zu machen.

Und das Gleiche gilt umgekehrt auch für das Denken. Denn es war zwar gezeigt worden, daß das Denken gemäß seinem eigenen Wesen in die Mischung hineingehört, also wesentlich am Guten beteiligt ist, nicht aber ist das Mitsein mit der Lust von seiten des Denkens aufgeklärt worden. Also ist auch das Denken in seinem Wesen zu zergliedern, um zu sehen, inwiefern und in welcher Weise es von sich her mit der Lust eine Einheit eingeht. Dazu muß von vornherein der ganze Wesensbereich des Menschen in den Blick genommen und bei allen Einzeluntersuchungen festgehalten werden. Das spezifisch menschliche Denken ist bezüglich seines Mitseins mit der Lust zu befragen.

Die folgende Untersuchung bewegt sich also innerhalb des Bereichs des menschlichen Lebens. Sie betrachtet Lust und Denken daraufhin, wie und als was sie in diesem Bereich auftreten. Die Untersuchung erfolgt dabei in der Absicht auf eine Wesensbestimmung des menschlich Guten. Der dem Menschen eigene Wesensbereich, in dem er geht und steht, heißt griechisch *ethos*. Die folgende Betrachtung ist daher ethischen Charakters. Ja noch mehr: Wir sehen hier den Ursprung der Ethik selber. Ethisch denken heißt, die Möglichkeiten des Weltverhaltens des Menschen daraufhin in die Prüfung nehmen, was sie im Hinblick auf das Gute für das menschliche Leben vermögen. Diese Fragestellung wird zum ersten Mal von Plato aufgestellt.

e) Die Wesensanalyse der Lust

Es gilt zu klären, inwiefern die Lust, obwohl sie – für sich genommen – zum *genos* des Unbegrenzten gehört, gleichwohl am Guten des menschlichen Lebens wesentlich beteiligt ist, d.h. wie sie eine Begrenzung zulassen kann, ohne aufzuhören, Lust zu sein. Was ist die Lust, sofern sie in die Grenze eingehen kann?

Ferner heißt es in der Präambel zu dieser Untersuchung, von Sokrates formuliert: Abgesondert von ihrem Gegenteil, dem Schmerz im weitesten Sinne, möchten wir wohl nicht imstande sein, die Lust hinreichend in den Blick zu fassen. Das Gegenteil (*lype*) zur Lust (*hedone*) wird von vornherein mit in die Betrachtung einbezogen, d.h. wir bewegen uns im Bereich der sogenannten Gefühle überhaupt, und zwar immer in Hinsicht darauf, wie es mit ihrem Anteil am menschlich Guten bestellt ist, also von vornherein in ethischer Absicht.

Die folgende Wesensanalyse der Lust gehört zu dem Größten, was Plato gedacht hat. Sie ist von Aristoteles in gewisser Weise fortgesetzt worden, ist dann aber als zentrales Thema des philosophischen Denkens verstummt. Erst Nietzsche hat dieses Thema in der Absicht auf eine Umdrehung der gesamten von Plato aufgestellten Metaphysik wieder in Angriff genommen, und Scheler hat in der Nachfolge Nietzsches eine Reihe glänzender Analysen der Gefühle ausgeführt. Heidegger hat in jüngster Zeit dieses Thema im Zusammenhang seiner Grundfrage nach dem Sein selbst in seinem Bezug zum Wesen des Menschen auf eine neue Basis gestellt, beginnend in *Sein und Zeit* (§§ 29, 30 und 40).

Kehren wir zurück zu Platos Analyse der Gefühle. Die Lust und ihr Gegenteil sollen betrachtet werden im Hinblick auf ihren Beitrag zum geglückten menschlichen Leben. Sokrates fügt hinzu: Sie treten innerhalb des *genos* des Gemischten auf. Das steht nicht im Widerspruch zu der These, daß die Lust von sich her ins Unbegrenzte des Mehr und Mehr drängt; denn mag die Lust auch von der Art des Unbegrenzten sein, sie und ihr Gegenteil kommen zum Vorschein innerhalb des Bereichs des Gemischten, des menschlichen Lebens. Dieses ist als der Gang in die Grenze. Das Gemischte ist immer ein in sich Unterschiedenes, das zufolge seiner Maßbestimmtheit zu einem Einigen zusammenstimmt. Das durch ein festes Verhältnis bestimmte Zusammenstimmen Unterschiedener macht das Wesen der Harmonie aus. Und nun behauptet Sokrates, das Hervorgehen der Harmonie, also das Stimmigwerden der Elemente, sei lusthaft; umgekehrt sei die Auflösung der Harmonie, das Unstimmigwerden, schmerzhaft.

Um das näher zu verdeutlichen, greift Sokrates zu Beispielen, die auf der Hand liegen, Durst und Hunger. Durst entsteht, wenn der Körper zu wenig Feuchtigkeit enthält, wenn also die Mischungseinheit gestört ist, das eine Mischungselement – hier das Feuchte – ins Zuwenig, also aus der Maßbestimmtheit ins Unbegrenzte hinausgeht, so daß man mehr und mehr Durst bekommt. Umgekehrt ist die Wiederherstellung dieser Stimmigkeit – durch Stillung des Durstes – dann lusthaft. Lust und Schmerz gründen demnach in der Verfassung des Leibes, der wie alles Seiende eine Mischungseinheit unterschiedener Elemente nach einem maßbestimmten Verhältnis ist. Der Schmerz tritt auf durch Lösung dieses Verhältnisses, Lust als seine Wiederherstellung. Durst ist Schmerz als Fehlen der zugehörenden Flüssigkeit, Stillen des Durstes ist Lust als Wiederbeibringung des maßbestimmten Verhältnisses. Das maßbestimmte Verhältnis der Mischungsbestandteile stellt die natürliche Verfassung des Leibes dar. Die Auflösung dieses Verhältnisses geht daher gegen die Natur des Leibes an, gegen sein Sein, und ist deshalb schmerzhaft. Die Rückerstattung des Fehlenden dagegen ist, da sie das Maßverhältnis wiederherstellt, dem Sein des Leibes gemäß und deshalb Lust.

Aufgrund der Analyse dieses einfachen Beispiels gibt Sokrates eine erste, noch sehr vorläufige Wesensumgrenzung der Lust. Das Sein des Leibes, sagt er, ist eine Mischungseinheit aus Unbegrenztem und Begrenzendem, Festgelegtsein des Anteils der unterschiedenen Bestandteile nach einem maßbestimmten Verhältnis als Zusammenstimmung des Mannigfaltigen zu Einem, also Harmonie. Schmerz ist Weggang und Schwund dieser Stimmigkeit, Lust deren Wiederkehr als Rückkehr des Leibes in seine natürliche Verfassung.

Damit scheint das Wesen der Lust umrissen zu sein. Aber es stellt sich sogleich heraus, daß mit dieser Bestimmung überhaupt nur eine Art von Lust erfaßt ist (und selbst – wie sich später zeigt –

auch sie nur unzureichend), neben die Sokrates eine zweite stellt. Und so sehen wir, daß die Betrachtung auf ganz natürliche Weise den Weg der Wesenszergliederung betreten hat. Die Lust erweist sich als mehrgesichtig, denn das Erfreuliche der wiederkehrenden Stimmigkeit kann seinerseits in die Erwartung genommen werden. Und die Erwartung von Erfreulichem ist selbst etwas Erfreuliches. Und umgekehrt ist die Erwartung eines kommenden Bedrückenden selbst mächtig bedrückend.

Hier zeigt sich eine eigene Art von *hedone* und *lype*: das in die Erwartung gestellte Erfreuliche ist *als erwartet* erfreulich. Bei der ersten Bestimmung war das Erfreuliche das leibhaft Anwesende und Gegenwärtige, also die leibliche Verfassung der sich wiederherstellenden Stimmigkeit. Jetzt aber zeigt sich: Auch nicht gegenwärtig Anwesendes, erst in die Gegenwart Kommendes kann *als* Kommendes in die Freude stimmen; und umgekehrt kann uns ein noch nicht gegenwärtiges Bedrückendes, das erst auf uns zukommt, bedrükken.

Hier wird eine ausgezeichnete Möglichkeit des Menschen sichtbar: Er kann über den Umkreis des leibhaft Gegenwärtigen, d.h. zugleich der gegenwärtigen leiblichen Zustände, hinausgreifen. Er ist dem allererst in die Gegenwart ankommenden Erfreulichen und Bedrückenden geöffnet. Dieses dem Kommenden als einem solchen sich öffnende, seiner Gegenwart vorgreifende Hinauslangen über das leibhaft Gegenwärtige ist die wesenhafte Möglichkeit der Seele (*psyche*). Der Seele eignet nach griechischer Erfahrung die wesenhafte Möglichkeit, über den Umkreis des gegenwärtig Anwesenden hinauszulangen, Ungegenwärtiges als ein solches in den Umkreis der Gegenwart hineinzuholen. Und deshalb wird der Mensch eben nicht nur von Gegenwärtigem in der Weise des Erfreut- und Bedrücktseins angegangen, sondern er verhält sich hoffend und fürchtend zur Welt.

Diese beiden Weisen der Erwartung, die Freude der Hoffnung und die Bedrücktheit der Furcht, sind zwar zunächst in Entsprechung zur leiblichen Lust und Unlust aufgestellt worden, aber sie stellen doch eine eigene *Art* dar, denn sie sind von dem jeweilig gegenwärtigen körperlichen Zustand unterschiedene Befindlichkeiten. Sie sind insofern unkörperlich, als die Freude der Erwartung nicht zugleich ein leiblicher Lustzustand ist. Wer sich in Erwartung einer

Mahlzeit hungrig zu Tisch setzt, freut sich auf das Essen. Aber diese Freude ist nicht der leibliche Lustzustand der Stillung des Hungers durch die Speisen selbst. Vor allem unterscheidet sich diese „seelische“ Art der Lust von der, die Sokrates „körperhaft“ nennt, dadurch, daß bei ihr Lust und Unlust nicht in einer Aufeinanderfolge zu finden sind; denn es geht nicht notwendig der Freude der Erwartung die Bedrücktheit voraus. Die sogenannte seelische Lust kommt also nicht notwendigerweise aus ihrem Gegenteil. Deshalb weist ihr Plato eine methodische Vorrangstellung zu. Da im Bereich der Seele selbst Lust und Unlust ungemischt auftreten können, muß an der seelischen Lust vor allem ersichtlich werden, was Lust *als* Lust und Schmerz *als* Schmerz *in Reinheit* sind; insbesondere ob, inwiefern und wie weit die Lust etwas Gutes zu sein vermag.

Sokrates stellt an dieser Stelle des Dialogs unvermittelt eine entscheidende These auf, deren Inhalt im folgenden zu klären und zu begründen ist: Alle seelische Lust beruht ihrer Seinsmöglichkeit nach auf dem Gedächtnis (*mnene*). Von der Wesensaufhellung des Gedächtnisses hängt wesentlich das Verständnis dessen ab, was Lust ist und wie sie überhaupt sein kann. Die unmittelbare Anwesenheit eines Seienden wird gefaßt in dem Anblick, der im Hinblick auf dieses Seiende auf uns zukommt; wir nennen das Wahrnehmung (*aisthesis*). Demgegenüber gibt es die Vergegenwärtigung. In ihr bringen wir uns zum Seienden hin, ohne daß wir von hier wegzugehen brauchen, um es gewahr zu werden. Der Anblick, in dem das Seiende sich darstellt, kommt also nicht von diesem her auf uns zu, sondern *aus uns*. Bei der Vergegenwärtigung sind wir nicht etwa auf bloß Psychisches gerichtet, sondern wir halten uns zu dem Seienden, das wir vergegenwärtigen; wir halten dieses Ungegenwärtige in unsere Gegenwart hinein und darin fest, d.h. wir be-halten es, so daß der Umkreis unserer Gegenwart eigentümlich erweitert wird. Und das Gedächtnis ist das Vermögen dieses Behaltens. Das, wozu wir uns verhalten, also das Vergegenwärtigte, können wir den „Behalt“ nennen. Dieser Behalt ist das Seiende selbst, denn das Seiende selbst haben wir behalten und nicht nur eine Vorstellung von ihm. Weil das Wesen der Seele in diesem hinausgreifenden Sich-Öffnen für Nichtgegenwärtiges besteht, ist der vergegenwärtigende Behalt in mannigfacher Weise behaltbar, so daß das Behalten sich zu vielgestaltigen Möglichkeiten des Menschen entfaltet. Nennen wir das vergegenwärtigte Seiende selbst den „Behalt", dann können wir das Gedächtnis mit Recht „Behältnis" nennen. In diesem Behältnis halten wir nur das, was sich schon vorher gezeigt hat, was schon auf uns zugekommen ist. Behalten also weist zurück auf ein vorgängiges, leibhaftes Anwesendsein des Behalts, also auf die Wahrnehmung. Deshalb bezieht Sokrates auch noch die Wahrnehmung in die Analyse mit ein.

Zufolge der Sinne sind wir dem Seienden geöffnet. Das Seiende, sofern wir von ihm durch die Sinne angegangen werden, nennt Plato *pathema* (33 d 2). *Pathema* meint – griechisch gedacht – das uns in den Sinnen angehende und sich darin bekundende Seiende selbst. Also sind die *pathemata* des Körpers nicht einfach von den Dingen bewirkte und am Leib vorfindliche Zustände, sondern das Seiende selbst als das die Sinne Angehende und in solchem Angang sich Bekundende, sich Manifestierende. Im Leib ist ein *pathema*, das meint: Ein Seiendes geht das Leibwesen so an, daß dieses für es gegenwärtig ist.

Von Seiendem angegangen werden vermag der Leib nur, wenn er von sich her dem Angang des Seienden schon geöffnet ist. Aber dieses Offensein verbürgt noch nicht, daß das im Angang Gegenwärtige auch gefaßt wird. Denn Fassen besagt immer ein Doppeltes: etwas aufnehmen aufgrund des vorgängigen Geöffnetseins und behalten, festhalten des Aufgenommenen. So faßt der Krug das Wasser, indem er es aufnimmt und behält. Nur Behaltenes kann gefaßt werden. Dieses Behalten aber ist die Wesensmöglichkeit der Seele. Das heißt, nur dasjenige Angängige, das die Seele angeht, von ihr gefaßt und festgehalten wird, nehmen wir wahr. Alles andere geht uns zwar an, aber so, daß es uns auch schon entgeht. Dieses Entgehen des Ungefaßten kann mehr oder weniger wesentlich und außerordentlich vielgestaltig sein: Es erstreckt sich auf das Nicht-Spüren, das Nicht-Bemerken, das wissentliche und unwissentliche Übersehen, das Überhören, das Sich-Versperren und -Verschließen dem gegenüber, das uns in Anspruch nimmt. Es zeigt sich also: Die schlichte Wahrnehmung wäre nicht möglich ohne ein Behalten, denn ohne ein Behalten gibt es kein Fassen, d.h. kein Gegenwärtig-Haben und -Halten des Angängigen. Sokrates umgrenzt diese Grundmöglichkeit der Seele so: Sie ist ein erhaltendes In-der-Gegenwart-

Halten des im Angehen Gegenwärtigen (*soteria aistheseos,* 34 a 10).

Von diesem erhaltenden In-der-Gegenwart-Halten unterscheidet Sokrates das Wieder-in-die-Gegenwart-Zurückbringen *ohne* Angang durch den Leib, also die Ver-gegenwärtigung (*anamnesis*). *Anamnesis* heißt in diesem Zusammenhang nicht Wiedererinnerung, sondern Vergegenwärtigung. Sie ist eine reine Möglichkeit der Seele selbst. Durch das Vermögen der Vergegenwärtigung können wir uns eben zu einem Seienden halten, ohne daß es unsere Sinne angeht, also leibhaft gegenwärtig ist. Wohl aber können wir uns nur vergegenwärtigen, was uns schon einmal angegangen hat, also was wir wahrgenommen haben. Wahrnehmen aber ist nur möglich aufgrund eines Verhaltens, und Vergegenwärtigung gründet in solchem Verhalten, ist ein Modus des Verhaltens. Wir können also auf Grund des Behalts aus dem Umkreis der Wahrnehmung herauskommen, ihn erweitern, indem wir diesen oder jenen Behalt aus dem Gedächtnis herausgreifen und uns so zu nicht gegenwärtigem Seienden verhalten.

Mit dieser Analyse ist der Wesensbezug zwischen Behalten und Lust noch nicht geklärt. Um diesen Bezug zu erblicken, gilt es, ein wesentliches Moment der seelischen Lust ins Auge zu fassen, das bis jetzt noch unbeachtet und unbedacht geblieben ist. In der Freude der Erwartung steckt, sagt Sokrates, ein *Verlangen* nach dem Erfreulichen. Dieses Verlangen heißt *epithymia. Epithymia* ist der Drang, der zum Übergreifen auf anderes drängt, um es in die eigene Sphäre einzubeziehen. Deshalb können wir *epithymia* mit Verlangen wiedergeben, denn Verlangen meint ja eben ein über das Gegenwärtige hinausgehendes Auslangen nach solchem, das nicht gegenwärtig ist, in der Absicht, es in den Umkreis der Gegenwart hineinzuholen. In der Vorsilbe „ver-" liegt ja, daß der Verlangende sich in dieses Vorauslangen selbst verlegt. Wenn wir nach etwas verlangen, dann bringen wir uns von uns her dem Verlangten entgegen. Die Freude der Erwartung kann also gar nicht aufgehellt werden ohne eine Wesensumgrenzung des Verlangens. Und es wird sich zeigen, daß das Verlangen das Behalten als Strukturmoment bereits in sich birgt.

Sokrates nimmt wiederum die handgreiflichen Phänomene des Hungerns und Dürstens zu Hilfe, weil sie jedem bekannt und vertraut sind, so daß die Wesensstruktur des Verlangens an ihnen leicht aufzuzeigen ist. Durst ist Verlangen nach Trank, Hunger Verlangen nach Speise. Was ist das eine und selbe, auf das hin Hunger und Durst – und vielerlei anderes – einheitlich als Verlangen angesprochen werden? Der Leib verlangt nach Füllung, also nach dem Gegenteil dessen, von dem er leiblich gegenwärtig angegangen wird. Das heißt, Dürsten, Dursthaben ist nicht nur Angegangenwerden vom *Fehlen* des Tranks, sondern zugleich auch Vorauslangen nach dem, was gerade nicht gegenwärtig ist. Das Dürsten ist also nicht nur ein leibliches, sondern auch ein seelisches Phänomen. Der Dürstende wird nicht nur von seinem gegenwärtigen Körperzustand angegangen, sondern er verlangt gerade nach dem, was nicht gegenwärtig ist. Wonach man verlangt, ist nie das Gegenwärtige, sondern gerade das Nichtgegenwärtige. Also muß etwas in dem Dürstenden sein, das das Nichtgegenwärtige als ein solches in die Gegenwart hineinholt, und das ist die Seele. Was aber befähigt die Seele dazu, sich zu Nichtgegenwärtigem überhaupt verhalten zu können? Der Behalt. Nach etwas verlangen, d.h. über den Umkreis des Gegenwärtigen hinauslangen können wir nur, weil die Seele sich *überhaupt* zu Nichtgegenwärtigem als einem solchen verhalten kann auf Grund des Behalts.

Und damit ist eine entscheidende Einsicht gewonnen: Das Verlangen hat zu seinem Wirkungsbereich nicht den Leib, sondern die Seele, denn Verlangen ist ein Auslangen nach dem, was gerade dem gegenwärtig Anwesenden *entgegengesetzt* ist. Der Drang nach einem dem angehenden Gegenwärtigen gerade Entgegengesetzten ist nur möglich auf Grund des vergegenwärtigenden Behalts, welcher eine Wesensmöglichkeit der Seele ist.

Wenn das Leben überhaupt in seinem Eigensten dadurch gekennzeichnet ist, daß es sich immer von sich her zu etwas aufmacht, dann ist das beherrschend Wesentliche, also das eigentlich Wesende im Leben niemals schon der Leib als solcher, sondern die Seele. Nicht der Leib hungert, dürstet, begehrt, verlangt und sehnt sich, sondern die Seele. Steht es aber so, dann müssen auch die körperliche Lust und Unlust ihre Wesensherkunft aus der Seele haben, was nicht ausschließt, daß leibliche Widerfahrnisse mit dazu gehören. Aber sie machen nicht das Wesen von Lust und Unlust aus. Damit hat Plato zum ersten Mal das nicht-sensualistische Wesen von Lust und Unlust entdeckt.

Ebenso unvermittelt wie bei der vorhergehenden These kündigt Sokrates das Thema der folgenden Untersuchung an: die Behandlung der Frage, ob Freude und Bedrücktheit wahr und falsch sein können. Diese Unvermitteltheit zeigt an, daß die Erörterung neu beginnt. Aber das schließt eine verborgene Vorbereitung nicht aus, wie wir sehen werden.

Plato erörtert die Frage, ob die Lust und Unlust selbst wahr und falsch sein können, im Zusammenhang mit einem menschlichen Grundverhalten, das den Namen *doxazein* trägt (37 a 2). *Doxazein* meint: etwas als etwas nehmen, etwas als etwas ansehen, etwas für etwas halten. Im Bereich dieses *doxazein* treten „wahr“ und „falsch“ auf. Etwas, auf das wir treffen, etwas, das auf uns zukommt, etwas, das wir antreffen, d.h. das in den Umkreis unserer Wahrnehmung eintritt, sehen wir als dieses oder jenes an: als einen Baum, als einen Menschen, als ein Wohnhaus usw.. Nun kann es uns geschehen, daß wir das, was uns da begegnet, als etwas anderes nehmen und ansehen, als es ist. Dann wird das Begegnende durch das verdeckt, als *was* wir es ansehen und nehmen. Und diese Verdeckung der Sache im „Nehmen-als“ heißt „falsch“ (*pseudos*). Und vom Falschen her begriffen die Griechen das, was das Wahre ist, nämlich das Gegenteil der Verdeckung, also das unverdeckte, unverstellte Begegnenlassen der Dinge im Nehmen ihrer als das, was sie selbst von sich her sind (*alethes*).

Nun ist ohne weiteres klar, daß zum Sichfreuen ebenso wie zu seinem Gegenteil die Struktur des „Nehmen-als“, also die *doxa*, gehört; denn wir nehmen in der freudigen Erwartung das auf uns Zukommende *als* erfreulich. Und in der Furcht wird etwas auf uns Zukommendes *als* Bedrohliches genommen. Aber wenn in dieser Weise das *doxazein* in die Freude der Erwartung und in die Bedrücktheit der Furcht eingebaut ist, *doxa* aber durch Wahr- und Falschseinkönnen bestimmt ist, bestimmen dann Wahr- und Falschsein auch die Freude als Freude und die Bedrücktheit als Bedrücktheit? Sind Wahrheit und Täuschung Möglichkeiten, in denen Freude *als* Freude, Bedrücktheit *als* Bedrücktheit von sich her stehen, oder gehören sie lediglich der *doxa* an, und zwar so, daß Freude und Bedrücktheit davon unberührt bleiben?

Der letzten Ansicht ist zunächst Protarchos, und wir doch wohl mit ihm, denn es sieht doch so aus, als bestände diese Auffassung zu Recht. Wenn ich mich freue, dann ist die Freude ein gegenwärtiger Zustand meiner selbst, unabhängig und unberührt davon, ob ich mich bezüglich dessen, worüber ich mich freue, täusche, denn das tritt ja erst später heraus in der Form der *Ent*täuschung. Aber solange ich mich freue, freue ich mich, unabhängig davon, ob das, worüber ich mich freue, vielleicht gar nicht erfreulich ist.

So sieht es auf den ersten Blick aus. Aber Sokrates will darauf hinaus, daß die Täuschung über das, worüber ich mich freue, die Freude selbst als Freude mit bestimmt, selbst ein Charakter der Freude ist, und zwar einer falschen Freude. Denn es ist ganz klar, daß das Phänomen „Freude" Unterschiede zeigt; etwa Freude der grundlosen und sinnlosen Hoffnung oder der bloß eingebildeten Vorfreude im Unterschied zur begründeten und berechtigten freudigen Erwartung. Sollten diese Unterschiede nicht die Freude selbst betreffen, sondern nur das *doxazein*, das Vermeinen also, das Dafürhalten?

Um diese Frage zu beantworten, muß die Struktur der *doxa* zuvor genauer ins Auge gefaßt werden. Nehmen wir ein Beispiel: Ich sehe in der Ferne etwas auf mich zukommen; aber es ist noch unausgemacht, was es ist. Ich frage mich: ‘Ist das, was da in einiger Entfernung neben dem Baum steht, ein Mensch?’ Ich sage: ‘Es ist ein Mensch.’ Beim Näherkommen erkenne ich jedoch, daß es nur eine Vogelscheuche ist. Also gehört zur *doxa* etwas den Sinnen Sich-Zeigendes, das in der Bestimmtheit dessen, was es ist, noch unausgemacht ist. Es mutet als dieses, aber auch als jenes an. Ich halte es z.B. für einen Menschen. Dieses Wofür des Haltens eines Erscheinenden ist der Behalt; denn das Aussehen von Mensch – also das, was Mensch ist – ist ja von mir behalten, dergestalt, daß ich es jederzeit vergegenwärtigen kann, bei unserem Beispiel angesichts einer Wahrnehmung. Also gründet die Ansicht in einer Gegenwärtigung (Wahrnehmung) und einer Vergegenwärtigung des Behalts. Darum ist die *doxa* immer gegabelt. Sie besteht aus dem sich bietenden Anblick und dem vergegenwärtigten Behalt. Und so ist sie ein Ansehen von etwas *als* etwas. Das *Als-was* ist der Behalt. Ohne Behältnis, ohne Gedächtnis gibt es keine Ansicht. Die Vollzugsweise der *doxa* besteht in der Zusammenfügung der Wahrnehmung mit einem Behalt. Diese durch die Zusammennahme von unmittelbar Vernommenem und Behalt zustande gekommene Ansicht wird ebenfalls von der Seele aufbewahrt, wird also selbst zu einem Behalt. Und auf Grund der Verwahrung der Ansicht in der Seele bleibt der Mensch der Ansicht, die er gefaßt hat.

Hier kommt ein eigentümlicher, neuer Zug der Ansicht und damit des Weltverhaltens des Menschen zum Vorschein. Es zeigt sich nämlich, was es heißt, *einer Ansicht zu sein*: über die Gegenwart des Ansichtigen hinaus den Bezug halten und so das Seiende im Wie seiner Ansichtigkeit, unangesehen seiner Gegenwart, festhalten, also der Ansicht sein, daß es sich so oder so verhält. Da die Ansicht entdeckend und verdeckend sein kann, verhalten wir uns vorweg schon, d.h. auch zu dem Seienden, das nicht gegenwärtig anwesend ist, entdeckend und verdeckend, und zwar zufolge der festgehaltenen Ansicht, die selber zu einem Behalt wird.

Nun können sich die Ansichten gerade auch auf Zukünftiges beziehen. Das hat seinen Grund darin, daß das verlangende Auslangen nach etwas den wesentlichen Grundzug der Seele bildet. Das Verlangte ist ein behaltenes Erfreuliches, das Befürchtete ein behaltenes Bedrückendes. Jetzt hat sich aber gezeigt: Seiendes wird erfaßt und festgehalten im Ansehen-als. Es ist behalten nicht nur einfachhin, sondern als das so oder so von uns Genommene. Der für die Zukunft behaltene Behalt hat daher den Charakter des Füretwas-gehalten-Seins. Mithin kann zufolge dieser Struktur der Behalt selbst schon verdeckend sein. Ist nun das Behaltene als Erfreuliches behalten und erwarten wir auf Grund der gegenwärtigen Situation seine Ankunft, dann stehen wir in der Freude der Erwartung, der Hoffnung. Ist umgekehrt das Behaltene in Einheit mit der gegenwärtigen Situation als etwas Bedrückendes behalten, dann stehen wir in der Bedrücktheit der Furcht. Da das Seiende im Wie seiner Ansichtigkeit behalten ist, die Ansicht aber wahr und verkehrt sein kann, stehen auch die Freude der Erwartung und die Bedrücktheit der Furcht in der Möglichkeit von wahr und falsch. Ja noch mehr: Die Ansicht erstreckt sich auch auf den Menschen selbst in seinem Sichfreuen. Denn 'sich freuen' heißt: sich als erfreut erfahren, sich selbst als erfreut erscheinen. Der Aufweis, daß die *doxa* ein wesentliches Strukturmoment der Freude und der Bedrücktheit ist, stürzt die Vormeinung um, wonach beide – Hoffnung und Furcht –

einfach nur gegenwärtige Gefühlszustände seien. 'Sich freuen' heißt: sich in seiner Freude *ansichtig* sein. Darin gründet die Möglichkeit der Vermeintlichkeit des Sichfreuens und des Bedrücktseins.

So hat Plato zum ersten Mal entdeckt und begriffen, daß Gefühle selbst bloß vermeintlich oder, wie wir sagen, unecht sein können. Es ist also nichts mit der behaupteten Selbstevidenz des Fühlens. Der Satz 'Mich freuend, bin ich erfreut' erweist sich als Kurzschluß. 'Mich freuend' heißt, daß ich mir selbst in meinem Zustand ansichtig bin, daß ich mich als erfreut *nehme*. Dieses Nehmen-als kann wie jedes Nehmen-als wahr und unwahr sein. Ich kann mich selbst aufgrund eines verkehrten Behalts als erfreut nehmen, ohne es in Wahrheit zu sein. So können in der Tat Gefühle wahr und falsch sein. Deshalb gibt es auch die Möglichkeit, anderen gegenüber Gefühle zu heucheln, ja sogar sich selbst etwas vorzumachen. Die Gefühlsheuchelei gründet ihrer Möglichkeit nach in dem Wahr- und Falschseinkönnen der Gefühle selbst. Wahrer Gefühle ist der Mensch nur dann fähig, wenn er in offenen Bezügen zum Seienden und in einem unverstellten Verhältnis zu sich selbst steht.

Fassen wir also zusammen und halten wir fest: Das Tragende unseres Weltverhaltens ist das Behältnis. Dieses hält vor allem die Weise fest, wie wir das Seiende ansehen und angesehen haben. Nun ist aber das Behaltene primär für die Zukunft behalten. Wer unter dem Geleit wahrer Ansichten steht, dessen Erwartetes ist ein Seiend-Werdendes. Er sieht den Grund der Hoffnung in dem, was und wie das Seiende selbst ist. Seine Hoffnungen sind wahr. Ein Wahres erhoffen heißt: aus unverstelltem Begegnenlassen des Gegenwärtigen einen wahren Behalt als einen kommenden erwarten, dergestalt, daß der Behalt von Erfreulichem auch so ist, wie das Seiende selbst ist. Wer in dieser Weise hofft, steht in der Gunst, daß ihm das Erhoffte zuteil wird. Wer dagegen von nichtigen Ansichten beherrscht wird, der hat Seiendes im Behalt, wie es überhaupt nicht ist. Er hofft auf solches, das nicht eintreten wird, vielleicht niemals eintreten kann. Dabei kann das Fehlschlagen der Hoffnungen gerade auch in dem Verkehrten der Ansicht liegen, die der Mensch von sich selbst in der Beziehung zu einem anderen Menschen hatte, also in einem falschen Behalt von sich selbst in der Beziehung zu diesem anderen Menschen.[2]

Dasselbe gilt natürlich auch für die Furcht. Das Sichfreuen, das Sichfürchten, das Verlangen, das Sichsehnen, d.h. der ganze Bereich dessen, was wir Gefühle und Stimmungen nennen, kann unwahr sein.

Um in diesem Bereich noch fester Fuß zu fassen, geht Sokrates nunmehr daran, das Falschseinkönnen der Lust noch auf eine andere Weise vor Augen zu führen. Dieser zweite Aufweis macht zugleich ein bislang noch nicht gesehenes Phänomen sichtbar, das uns aber ebenfalls sehr wohl vertraut ist. Es kann nämlich geschehen, daß das Erwartete zwar eintritt, ihm aber gar nicht das Ausmaß der Erfreulichkeit eigen ist, in welchem unsere Erwartung es gesehen hatte. Dann besteht die Täuschung nicht darin, daß etwas als Seiend-Werdendes freudig erhofft war, das nicht und vielleicht niemals sein wird, sondern daß im Sich-darauf-Freuen etwas als Erfreuliches vermeint war, ohne daß ihm die Erfreulichkeit in diesem Ausmaße zu eigen ist. Dieses ist die übertriebene oder die trügerische Vorfreude. Das Erhoffte tritt ein, aber es war in der Erwartung erfreulicher angenommen, als es ist. Oder es zeigt sich bei seinem Eintritt, daß es gar nicht erfreulich ist. Die Täuschung bezieht sich also hier auf die Erfreulichkeit des Erwarteten selbst. Wie ist dieses Sichtäuschen in der Erfreulichkeit des Erwarteten möglich? Es erwächst aus der Struktur des Verlangens. Zu diesem gehören als seine Wesensmomente einmal das gegenwärtige Angegangenwerden vom Entbehren des Verlangten, also eine Bedrücktheit, zum anderen das über das Gegenwärtige hinauslangende Vergegenwärtigen eines Erfreulichen durch den Behalt; dieses Erwarten eines Erfreulichen ist selbst erfreulich, also Gehobenheit (*hedone*). In dieser Verfassung liegen Bedrücktheit einerseits und Gehobenheit andererseits nebeneinander vor.

---

[2] An dieser Stelle verweist Volkmann-Schluck auf einen modernen Dichter, den dänischen Schriftstellter Jens Peter Jacobsen (1847-1885), der solches aussichtslose, illusionäre Hoffen in seinen Romanen dargestellt habe. Als Beleg liest er eine Partie aus dem Roman *Niels Lyhne* (1880) vor, in welchem das dichterisch gestaltet ist, was Plato denkend erarbeitet hat (Jens Peter Jacobsen, *Niels Lyhne,* aus dem Dänischen von Anke Mann, Frankfurt a. M., Insel Verlag 1911; Neuauflage 1976, S. 53 ff.) – Anm. d. Hrsg.

Von beiden werden wir einheitlich angegangen und durchstimmt; denn das Entbehrte ist entbehrt als das Erwartete und umgekehrt. Das freudig Erwartete ist zugleich das gegenwärtig Entbehrte. In diesem Nebeneinander-Vorliegen von Entgegengesetztem, das den Menschen einheitlich durchstimmt, weil es jeweils dasselbe ist – das Erwartete und das Entbehrte –, liegt die Möglichkeit des Sichtäuschens über die Erfreulichkeit des erwarteten Entbehrten; denn es kann geschehen, daß die erwartete Freude durch den Gegensatz zur gegenwärtigen Bedrücktheit des Entbehrens größer erscheint, als sie beim Eintritt des Erwarteten ist; denn die Ankunft des erwarteten Erfreulichen ist ja zugleich der Weggang des Entbehrens, mit dem zusammengesehen das Erfreuliche allererst so überaus erfreulich erschien. Ermöglicht wird diese Übertreibung der Erwartung dadurch, daß Lust und Schmerz von sich her keine festen Grenzen haben, sondern in das Unbegrenzte des Mehr und Mehr oder Weniger und Weniger getrieben werden können.

Hier zeigt sich ganz deutlich, daß nicht eine Ansicht enttäuscht wird, sondern das Sichfreuen selbst als solches sich täuscht, wenn ihm das erwartete Erfreuliche größer erscheint, als es sein kann. Wenn der Mensch lange umsonst auf das Kommen des Entbehrten warten muß, wächst durch die Länge des Warten-Müssens das Leiden des Entbehrens. Und in der Entgegensetzung zur wachsenden Last des Entbehrens steigert das Warten die Erfreulichkeit des Erwarteten. So kommt es durch das Warten selbst zur verstiegenen Erwartung und eben deshalb zur Enttäuschung, wenn das Erwartete endlich eintritt.

Oder aber der Mensch hat sich mit dem Verzicht auf das Kommen des Entbehrten abgefunden. Wenn es dann doch noch eintritt, begegnet es in eine ganz andere Befindlichkeit hinein, als die war, die durch das gegenwärtige Entbehren bestimmt wurde, und dann tritt ebenfalls notwendigerweise eine Enttäuschung ein. Es kann sogar auch die Erfreulichkeit des Gegenwärtigen selbst größer erscheinen, als sie ist, nämlich dann, wenn das gegenwärtig gewordene Erfreuliche in der Entgegensetzung zu seinem langen Entbehrtsein festgehalten wird. Indem der Mensch von dem Entbehrtsein weniger und weniger angegangen wird, verliert das Erfreuliche an Erfreulichkeit, und die Enttäuschung breitet sich in dem Menschen unaufhaltsam aus.

Erinnern wir uns noch einmal an die leitende Absicht, unter der die Wesensanalyse der Lust steht. Es gilt, einsichtig zu machen, inwiefern der Lust ein Anteil am Guten des menschlichen Lebens zukommt. Und zur Frage steht: Welche Lust kann überhaupt am Guten des menschlichen Lebens beteiligt sein?

So viel läßt sich schon sagen, daß es nur diejenige Art von Lust sein kann, die nicht trügerisch, sondern durch die Entdecktheit von wahrhaft Erfreulichem bestimmt ist. Die bisherige Analyse muß daher vor die Frage stellen, ob es solche Lust überhaupt geben könne; denn bis jetzt hat sich gezeigt, daß die betrachteten Arten der Lust sämtlich gemischt, also nicht rein sind und deshalb verdeckend sein können. Wahrhaft Erfreuliches ist solches, das seinem Sein nach (und d.h.: immer, wenn es da ist) erfreulich ist. Und nur eine Freude, die in diesem Sinne wahrhaft Erfreuliches entdeckt, wäre reine, ungemischte Freude. Da in allen bisher behandelten Arten von Lust das Verlangen steckt, im Verlangen aber das Angegangensein von Entbehrtem liegt, ist alles, was bisher an Lust in den Blick gekommen ist, gemischt, und zwar gemischt mit einer mitanwesenden *lype*, also keine reine Lust.

Die folgende Untersuchung des *Philebos* steht unter der Absicht, durch Aussonderung aller Arten von mit Unlust gemischter Lust (und selbstverständlich der trügerischen Lust) *wahre* Lust sichtbar zu machen; denn es ist klar, daß diese Art von Lust, wenn es sie gibt, am Gutsein des menschlichen Lebens beteiligt ist. So wird denn der ganze Bereich der gemischten und erst recht der verdeckenden Lust beiseite gelassen, um so etwas wie 'reine Lust' in den Blick zu bekommen, wenn es sie überhaupt gibt. Das heißt natürlich noch nicht, daß die gemischte Lust nicht zum Menschen gehört. Offenbar ist lediglich, daß die trügerische Lust für das Gutsein des menschlichen Lebens nicht in Betracht kommen kann.

Um eine reine Lust in den Blick zu bekommen, trifft Sokrates eine Unterscheidung, und zwar unterscheidet er die Freude *an* etwas von der Freude *auf* etwas und der Freude *über* etwas. Die Freude auf etwas ist die freudige Erwartung eines Noch-nicht-Gegenwärtigen. Die Freude über etwas ist die Freude über gegenwärtig Anwesendes. Die Freude auf etwas ist immer gemischt, weil ja das Erwartete zugleich das Entbehrte ist, also ein Leiden in dieser Freude ist. Und wenn ich mich über etwas freue, dann liegt darin, daß ich ein gegenwärtig Anwesendes als erfreulich nehme; es liegt darin aber nicht, daß dieses Gegenwärtige von sich her (seinem Sein nach, also immer, wenn es da ist) erfreulich ist und in die Freude stimmt. Ich kann mich unter anderen Umständen über dasselbe vielleicht gar nicht freuen. Als Erfreuliches begegnet es nur dann, wenn es in eine bestimmte Befindlichkeit meiner selbst hineinbegegnet, in der ich gerade für dieses empfänglich bin. Das heißt: Das, worüber ich mich freue, hat den Charakter des Angesehenseins-als-etwas, also der *doxa*; und diese kann sich wandeln. Daß ich mich über etwas Gegenwärtiges freue, besagt weniger über das Seiende selbst, über seinen Erfreulichkeitscharakter, als vielmehr über meinen Zustand angesichts seiner. Und dieser Zustand kann wechseln, und dann ist dieses gegenwärtig Anwesende für mich gar nicht mehr so erfreulich. So kann man sich z.B. über den Besuch eines Menschen freuen, vor allen Dingen dann, wenn man sich von ihm etwas verspricht. Wenn derselbe Mensch aber ein andermal kommt und ich mir nichts davon verspreche, dann ist sein Besuch gar nicht mehr erfreulich, sondern bloß störend.

Anders dagegen, sagt Plato, steht es mit der Freude *an* etwas. Dieses Erfreuliche hat die Erfreulichkeit an ihm selbst, d.h. in eins mit seiner und allein durch seine Anwesenheit stimmt es uns in die Freude. Solches, was uns durch seine Anwesenheit, also seinem Sein nach in die Freude stimmt, nannten die Griechen das Schöne (*kalon*). Wenn wir z.B. an einen Menschen denken und uns dabei nicht über seine *Person*, sondern über sein *Dasein* freuen, dann ist das von der Art dessen, was *an sich selbst* und *durch sich selbst* erfreulich ist.

Plato nennt als vordringliche Phänomene dieser Art von Freude die schönen Farben, Gestalten, Düfte und Klänge und fügt hinzu: alles, was kein Verlangen und kein Entbehren aufkommen läßt, also dessen Dasein selbst als solches in die Freude stimmt. Von dieser Art waren dann auch die Sterne, von denen es ja heißt: 'Die Sterne, die begehrt man nicht, man liebt nur ihren Schein.' Die Kunstwerke würden ebenfalls in den Bereich des an sich selbst Erfreulichen gehören.

Diese reine Freude ist nach Plato auch die wahre Freude, wie nunmehr noch zu zeigen ist. 'Rein' heißt: mit anderem ungemischt, also ganz und gar als es selbst sich zeigend und anwesend sein. Zur

Erläuterung nimmt Sokrates hier die weiße Farbe vor, um daran als einem Beispiel die Frage nach dem an sich selbst Erfreulichen, welches das wahrhaft Erfreuliche ist, zu entwickeln. Wo finden wir das reine Weiß, das Weiße in seiner Reinheit? An einem Ding, das besonders viel, aber auch mit anderen Farben gemischtes Weiß an sich hat, oder aber an einem Ding, das zwar wenig Weiß an sich hat, aber eben nur Weiß? Sokrates sagt, daß das zweite zwar weniger Weiß an sich hat, aber trotzdem weißer ist. Und er fährt fort:

> „Dieses weniger, aber weißeste Weiß ist das wahrste und schönste Weiß [, ist das Wahrste und Schönste von allem, was weiß ist, nicht, daß es das Schönste und Wahrste überhaupt ist in der ganzen Welt, sondern im Bereich des Weißen]." (53 b 4-6)

Das Wahre (*alethes*), griechisch als das Unverdeckte gedacht, läßt offenbar eine Steigerung zu. Was weniger wahr ist, ist deshalb nicht schon falsch. Das reine Weiß, so wenig es auch sein mag, ist nicht verdeckt durch etwas, das ihm eingemischt ist. Und je unverdeckter etwas ist, um so wahrer ist es nach griechischer Wahrheitsauffassung. Das Reinste wäre dann also in dem jeweiligen Bereich das Wahrste und das Schönste. Denn schön ist das, was ganz und gar in das Erscheinen seiner selbst gelangt, das ganz und gar Gegenwärtige. Daraus folgt: Wenig reines Weiß ist im Bereich des Weißen weißer, schöner und wahrer als gemischtes Weiß, wieviel von ihm auch vorliegen mag.

An diesem Beispiel soll das Wesen der reinen Freude erläutert werden, und für sie ist daraus zu entnehmen: Eine nach Ausmaß und Grad geringe, aber von jedem Gegenteil freie, also reine Freude ist freudiger, wahrer, schöner als eine große und heftige, aber mit Bedrücktheit gemischte Freude. Es lohnt sich, sich mit dieser Auffassung Platos auseinanderzusetzen.

Gehen wir die Arten der Freude im Hinblick auf ihre Wahrheit noch einmal durch:

1. Die Freude auf etwas kann in zweifacher Weise trügerisch sein. Sie kann etwas als Kommendes vergegenwärtigen, das nicht kommen wird (trügerische Hoffnung). Sie kann ferner im Sichfreuen-darauf das Erwartete in der Vergegenwärtigung seiner er-

freulicher nehmen, als es in Wahrheit ist, was dann heraustritt, wenn dieses Erfreuliche in die Gegenwart eintritt und Enttäuschung bereitet, weil die Freude hinter der Erwartung zurückbleibt (übertriebene Vorfreude). Das Sich-freuen-auf kann auch etwas als erfreulich nehmen, das überhaupt nicht erfreulich ist (eingebildete Vorfreude). Die Freude auf etwas kann aber auch etwas vergegenwärtigen, das so, wie es vergegenwärtigt wird, gegenwärtig sein wird. Dann ist sie wahr, aber sie bleibt gleichwohl an Wahrheit hinter der Freude an etwas zurück; denn dieses Sich-freuen-auf ist in sich ein Verlangen, also ein Entbehren, also mit *lype* gemischt. Freude kommt als Freude-auf-etwas niemals in die völlige Reinheit ihres Wesens, in ihre volle Wahrheit.

2. Die Freude über etwas, nämlich über ein gegenwärtig Anwesendes, ist immer mitdurchstimmt von dem darin festgehaltenen Entbehren seiner. Im Dagegenhalten gegen die behaltene Bedrücktheit des Entbehrens kann das Erfreuliche ebenfalls erfreulicher erscheinen, als es ist. Immer aber gehört zu seiner Erfreulichkeit sein Verlangtsein, also sein mögliches Entbehrtsein. Daher rührt auch die Sorge, es zu verlieren. Auch als Freude-über-etwas tritt die Freude also noch nicht in ihrer Reinheit und vollständigen Wahrheit heraus.

3. Das geschieht erst in der Freude an etwas. Das Wesen dieser Freude ist nicht ein Vergegenwärtigtes, sondern nur ein gegenwärtig Anwesendes. Dieses ist nicht in dieser oder jener Hinsicht erfreulich, je nach Lage und Umständen, sondern es ist erfreulich an ihm selbst. Seine Anwesenheit selbst ist es, die in die Freude stimmt. Deshalb bringt es, wo immer es auftritt, von Haus aus eine eigene Freude mit, vorausgesetzt natürlich, daß wir dafür aufgeschlossen sind. Was auf Grund seines Seins selbst erfreulich ist, ist ein rein Erfreuliches, das eben darum in eine reine, von jeder Bedrücktheit freie Freude stimmt. Solche Freude an etwas, mag sie auch unscheinbar und klein sein, ist nach Plato freudiger als alle großen und heftigen Freuden anderer Art; denn nur sie läßt die Freude in die Reinheit ihres Wesens, in ihre Wahrheit gelangen. Die Freude-an-etwas ist daher selbst als solche schön. Plato meint, erfreulich an ihnen selbst seien vorzugsweise reine Gestalten, die schönen Farben, Töne, Düfte, aber auch das Wissen; denn dieses nimmt bei dem Seienden seinen Aufenthalt einzig und allein, um es in seinen Wesensanblicken zu fassen und zu bewahren. Beim Wissen geht es immer

um das Wissen selbst, und zwar deshalb, weil das Wissen es ist, das den Menschen in ein offenes Weltverhältnis gelangen läßt und darin hält, dadurch nämlich, daß sich der Mensch an das offenbare Seiende selbst hält. Und das ist erfreulich an sich selbst. Da wir Menschen uns aber notwendigerweise zum Seienden auch immer verlangend, begehrend, gebrauchend verhalten, ist die reine Freude des Wissens etwas sehr Seltenes.

Damit ist die Wesensanalyse der Lust abgeschlossen. Es kommt darauf an, die Unterschiede von reiner, gemischter und trügerischer Lust zu sehen. Ferner ist im Blick zu halten, daß in der Lust eine Tendenz liegt, ins Maßlose fortzuschreiten.

f) Die Wesensbestimmung des Wissens

Nun ist das andere Element der Mischung in die Prüfung zu nehmen, um zu sehen, wie sich das *Denken* in Hinsicht auf Reinheit und Wahrheit gliedern läßt.

Denken (*noein*) ist nach griechischer Grunderfahrung (ausgesprochen zum ersten Mal von Parmenides) In-Sicht-Haben des Seins. Das Sein in der Sicht zu haben, ist aber das Wesen des Menschen. Der Grundzug des Seins, das der Mensch als der Denkende irgendwie immer schon in der Sicht hat, worin die Würde seines Daseins besteht im Unterschied zu allen anderen Lebewesen, ist seit Plato entschieden das Wassein. Also ist die Vollzugsart des Denkens seit Plato das In-Sicht-Nehmen dessen, *was* ein jegliches ist. Das Erfassen dessen, *was* eine Sache ist, ist aber der Grundzug des Wissens; denn wenn ich erfaßt habe, *was* eine Sache ist, *weiß* ich bezüglich dieser Sache das, was es bei ihr zu wissen gibt. Deshalb hat die Wesensanalyse des Denkens in Platos *Philebos* die Gestalt des Entwurfs einer Wissenschaftslehre, der ersten Wissenschaftslehre innerhalb der europäischen Denkgeschichte. Dabei ist das diesen ersten Entwurf einer Wissenschaftslehre leitende Maß die Wahrheit des Wissens, und d.h. die in ihm sich vollziehende Offenbarkeit des Seins. Je mehr Offenbarkeit bezüglich des Seienden besteht, um so wissender, um so wahrer ist also das Wissen. Es gibt folglich auch beim Wissen Stufen der Reinheit und Wahrheit, aber kein trügerisches Wissen, da ein trügerisches Wissen überhaupt kein Wissen ist.

Die Wissenschaftslehre, die Plato hier entwirft, nimmt, verglichen mit der Analyse der Lust, viel weniger Raum innerhalb des Dialogs ein. Der Grund liegt auf der Hand: Während die Gliederung der Lust in ihre Arten dieser erst abgewonnen werden mußte, liegen die wissenden Vollzugsweisen schon offen zutage. Sie brauchen nur aufgenommen zu werden, um einer jeden nach dem Maß ihrer Reinheit und Wahrheit den ihr gemäßen Ort innerhalb des Wissensganzen zu bestimmen. Dabei zeigt sich dann, daß das Erfahrungswissen (die technisch-praktischen Wissenschaften sowie die praktischen Künste) ein gemischtes Wissen darstellt, insofern bei ihm immer die Wahrnehmung eingemischt ist. Das Erfahrungswissen läßt es daher an Wahrheit im Sinne von Offenbarkeit des Seienden selbst fehlen, weil es mit solchem zu tun hat, das ständig wird und sich verändert, während die *reinen* Wissenschaften auf das gehen, das *bleibend* ist, was und wie es ist, also auf das Seiende selbst als solches. Das heißt aber nicht, daß die Wahrnehmung als solche schon trügerisch ist. Auch sie macht etwas offenbar, aber nicht das Seiende selbst in seiner Reinheit, sondern das Seiende als das Entstehende und Vergehende.

Dieser grob skizzierte Entwurf einer Wissenschaftslehre (vgl. dazu auch den Vorentwurf im Liniengleichnis des *Staates*) mag genügen, um die Frage nach dem menschlich Guten abschließend zu beantworten.

g) Das für den Menschen Gute und das Wesen des Guten überhaupt

Durch die Analysen von Lust und Wissen sind die Elemente für die Mischung, welche das gute Leben erbringt, geklärt. Die Vorbereitung für eine sachgegründete Entscheidung, worin das Gute des menschlichen Lebens liegt, ist damit beendet.

Noch einmal erinnert Sokrates an den Ausgang der Untersuchung: Zwei Thesen standen einander gegenüber, die des Philebos und die des Sokrates. Philebos behauptete, die Lust sei es, die für alle Lebewesen das Gute sei, lusthaft und gut sei das eine und selbe. Sokrates stellte dem entgegen: Beides sei etwas der Sache nach Verschiedenes, und mehr Anteil am Guten als die Lust habe das Denken. Ferner wurde das das Leben leitende Vorverständnis des Guten dahingehend festgelegt, daß das Gute den Grundzug des in sich vollendeten, eines anderen unbedürftigen Sich-selbst-Genügens habe. Und an diesem Vorbegriff des Guten wurden Lust und Denken in ihrem Anspruch auf das Gute gemessen. Beide nämlich scheinen durch diesen Grundzug bestimmt zu sein. Denn das Denken beschließt und vollendet sich im Gegenwärtighaben des Erfreulichen. Und doch zeigte sich einem näheren Zusehen recht bald, daß es sich anders verhält: Ohne daß der Sichfreuende sich selbst in seinem Erfreutsein erfährt, d.h. ohne Denken (Bewußtsein) ist Freude nicht einmal Freude, und ein freud- und lustloses Denken und Wissen ist ebenfalls nicht das Gute.

Es kann folglich nur darum gehen, was am Guten *mehr* beteiligt ist, d.h. um die Rangfolge von Denken und Lust. Um jedoch zu entscheiden, welches von beiden mehr von der Art des Guten ist, müßte doch mindestens bereits klar sein, was das überhaupt heißt und ist: von der Art des Guten sein. Sokrates drückt das so aus:

> „Um diese Frage entscheiden zu können [, nämlich welches mehr Anteil am Guten hat], muß man entweder das Wesen des Guten selbst hinreichend durchsichtig haben, oder aber wir müssen wenigstens sein umrißhaftes Gepräge (*typos*) kennen.“ (61 a 4.f.)

Es ist klar, was hier gemeint ist. Das Gute läßt sich in eine zweifache Hinsicht stellen: Einmal ist es das Gutsein von diesem und jenem, z.B. des Denkens oder der Lust. Dieses ist aber nicht das Gute selbst in seinem eigenen Wesen, sondern nur etwas, das gut ist, d.h. es ist nur von der *Art* des Guten. Was aber heißt das, von der Art des Guten sein? Geht es dagegen um das Gute selbst, gilt es, dieses allein im Blick auf es selbst in seinem *eigenen Wesen* zu ergründen.

In der Entscheidung der Frage, wie es mit der Lust und dem Denken bezüglich des Anteils am Guten steht, mischt sich die Frage nach dem Wesen des Guten und nach dem Gutsein ein. Jetzt zeigt sich, daß diese Frage bisher nicht zureichend geklärt worden ist. Die Rätselhaftigkeit dessen, was das Gute ist, wurde im VI. Buch des *Staates* herausgestellt. Es ist das Rätsel des Seins selbst, das jetzt zur Frage steht. Das heißt, die Entscheidung der Frage, inwiefern Lust und Denken etwas Gutes sind und wie sie zum Guten selbst stehen, kann nur innerhalb des höchsten Bereichs des Seins selbst fallen, den der Dialog nunmehr betreten muß. Dabei halten wir von vornherein fest, daß wir, indem wir diesen höchsten Bereich des Seins betreten (den Entscheidungsbereich auch über den Menschen), auf ein Rätsel stoßen, wie bereits das *Sonnengleichnis* des *Staates* gezeigt hat.

Sokrates sagt, daß wir, wenn wir schon nicht wissen, was das Gute und das Gutsein selbst sind, doch einen Weg entdeckt haben, um zu ihnen zu gelangen. Wie man sich, wenn man einen Menschen aufsuchen will, zunächst nach seiner Wohnung erkundigt und sich dann auf den Weg zu dieser Wohnung macht, so wissen wir wenigstens, wo das Gute wohnt, wenn wir auch noch nicht wissen, was es ist: Es „wohnt" in dem gemischten Leben. Also müssen wir uns jetzt auf den Weg zu dem gemischten Leben machen, d.h. wir müssen die Mischung vornehmen, wenn anders das Gute in ihr seine Stätte hat.

Die Bestandteile der Mischung (Denken und Lust) sind bereits geklärt und für die Mischung bereitgestellt. Die Aufgabe, die Mischung vorzunehmen, erläutert Sokrates an einem Bild: Es ist so, als stelle man einen wohlschmeckenden Trank aus Honig und Wasser her. Der Honig ist das Süße, das für sich einnimmt, das Wasser das Klare, das sehen läßt, was ist. Das Süße läßt, weil es für sich einnimmt, bei sich verweilen. Aber in diesem Verweilen muß zugleich die Nüchternheit des Sehens dessen walten, was ist, denn das Süße, für sich genommen, läßt uns im Verweilen bei ihm ganz darin aufgehen ohne Maß und Grenze. Das eingemischte Denken allein läßt das Maß walten.

Nun sagt Sokrates: In dieser Weise ist die Mischung von Lust und Denken vorzunehmen, und zwar gilt es, die beiden möglichst *schön* zu mischen. Das heißt, daß beide Bestandteile gerade durch ihre Zusammenkunft *rein* in ihr Erscheinen hervortreten, daß also das eine Element das andere nicht durch ein Übermaß verdeckt, sondern jedes das andere bei sich einläßt und jedes das andere so in seinem Eigenen erscheinen läßt.

Wie soll das geschehen? Sollen wir alle Arten von Lust und Denken miteinander mischen? Kommt dann der gute Trank des Lebens zustande? Hier, sagt Sokrates, ist zunächst einmal Vorsicht geboten. Denn die Lust sowohl wie das Denken (Wissen) ließen bei ihrer Analyse Unterschiede der Reinheit, also der Wahrheit, sehen. Wenn einfach alle Lust und alles Wissen zusammengeschüttet werden, besteht die Gefahr, daß die Mischung nicht schön wird; denn sie würde ja Bestandteile enthalten, die unrein sind. Also werden wir, vorsichtig vorgehend, zunächst nur die reinen Arten des Wissens und der Lust heraussondern und miteinander mischen. Die dadurch zustande gebrachte Mischung wird dann ebenfalls rein und wahr sein.

Bei unseren Überlegungen dürfen wir niemals vergessen, daß die Mischung das Gute des *menschlichen* Lebens zustande bringen soll. Ist durch die Mischung von reiner Freude und reinem Wissen das Leben geschaffen, in dem der Mensch als Mensch ständig verweilen kann?

Der Mensch gehört zwar zufolge des in seiner Seele waltenden *nous* dem Immerwährenden, dem Seienden selbst zu. Aber er kommt doch inmitten des Kommenden und Gehenden vor, dergestalt, daß auch er selbst kommt und geht; denn er weilt ja im Hingang zwischen Ankunft und Weggang, die er beide erdulden muß: die Geburt sowie den Tod. Wenn ein Mensch den Wesensblick für das hat, was das Gerechte selbst ist, dann wird er dem auch einheitlich entnehmen können, was im einzelnen jeweils gerecht ist. Aber wenn er das Wesen des Kreises oder der Kugel, überhaupt die ganze Mathematik beherrscht, dagegen für einzelne Kreise und Kugeln, also für das sinnlich Einzelne sichtlos ist, dann wird er innerhalb des Bezirks des Kommenden und Gehenden, in den er doch versetzt ist, nichts zuwege und zustande bringen. Er würde zwar über das reine Wissen dessen verfügen, was das Seiende ist, könnte aber mit keinem Gerät sachangemessen umgehen. Ein solcher Mensch, sagt Sokrates, wäre einfach lächerlich.

Der Mensch muß also, um sich innerhalb des Kommenden und Gehenden halten zu können und nicht von ihm weggerissen zu werden, auch dieses zu erkennen versuchen, soweit der Wandel es zuläßt. Die unreinen Wissensarten sind also unentbehrlich und müssen beigemischt werden. Das Leben im reinen Wissen allein kommt dem

Menschen, diesem übergängigen Wesen, nicht zu; es wäre eine übermenschliche Daseinsweise.

Auch bei der Lust, sagt Sokrates, ist die gleiche Vorsicht geboten wie beim Wissen. Es empfiehlt sich, zunächst einmal nur die reine Lust für die Mischung zuzulassen und dann zuzusehen, ob für das menschlich Gute nicht auch andere Arten von Lust benötigt werden. Aber wie weit soll man dabei gehen? Neben der reinen gibt es nicht nur die gemischte, sondern auch die verdeckende, also die trügerische Lust, ja sogar auch die aus jeder Besinnung hinweghebende heftige Lust, die uns mehr und mehr fortreißt.

Sokrates schlägt für die Entscheidung dieser Frage den folgenden Weg ein: Denken und Lust sollen gemischt werden. Gemischt werden kann nur solches, was einander bei sich aufnimmt, also miteinander verträglich ist. Miteinander verträglich sein heißt: im Vereinigtsein einander sein lassen. Damit die rechte oder die schöne Mischung, in der jedes in seinem Eigenen anwesend sein kann, zustande kommt, muß sowohl an die Arten der Lust als auch an die des Wissens die Frage gerichtet werden, ob und wieweit sie bereit sind, sich gegenseitig bei sich einzulassen. Das heißt, die Arten der Lust und des Wissens müssen *selbst* sagen, ob und wieweit sie dazu bereit sind. Die Entscheidung steht also gar nicht bei uns, sondern bei dem Wissen und bei der Lust selbst.

Sokrates richtet zunächt die Frage an die Arten der Lust, ob sie mit dem Denken zusammengehen wollen und, wenn ja, wie weit. Die Antwort lautet: In Reinheit für sich allein zu bleiben, sei weder möglich noch für sie gedeihlich. Vielmehr liege ihnen daran, mit demjenigen zusammenzuwohnen, das sie selbst erst in das Offene des Erscheinens hervorgehen läßt. Das aber ist das Denken. Die Lust will also in all ihren Arten mit dem Denken zusammengehen. Diese Antwort der Lust erfolgt nicht mehr aus ihrem natürlichen Selbstverständnis, sondern aus dem geklärten Verständnis dessen, was Lust ist, das die Untersuchung allererst erbracht hat.

Nun wird die Frage an das Denkvermögen und die Wissensarten, in die das Denken sich artikuliert, gerichtet. Die Wissensarten stehen anders zur Lust als die Lust zu ihnen, denn sie bedürfen von sich aus der Lust nicht, um das zu sein, was sie sind. Sie lassen Lust folglich nicht im Hinblick auf ihr eigenes Bestehen zu, sondern im Hinblick auf die beste Lebensverfassung des Menschen. So ist es fraglich, ob sie sich mit allen Lustarten vertragen. Die reine und wahre Lust werden sie zulassen, denn diese ist ihnen ja selbst von Haus aus zueigen. Wissen besagt ja: sich an das Unverborgene halten, Offenbarhaben des Seienden in dem, was es ist. Dieses Weilen im gelichteten Weltbezug ist in sich selbst erfreulich. Die reine Lust ist also mit den Wissensarten wesensverwandt. Aber sie werden auch alle Arten von Freude aufnehmen, die im Gefolge der Gesundheit des Leibes auftreten, also die Lust, die sich bei der Wiederherstellung der Harmonie der leiblichen Verfassung einstellt. Dagegen werden sie die heftige, maßlose Lust nicht zulassen können; denn diese trachtet danach, aus der Besinnung hinwegzuheben und die Seele in die Vergessenheit aufgehen zu lassen, so daß sie das Denken mit dem Schwund seines eigenen Wesens bedroht. Deshalb muß das Denken, dem an der Wahrheit liegt, alle Arten von trügerischer Lust abweisen. Alle anderen Lustarten werden zugelassen, also auch die freudige Erwartung und die Freude an der Gegenwart eines Verlangten, sofern diese nicht trügerisch ist.

Wir haben zugesehen, wie und inwieweit Denken und Lust sich zu einer Einheit zusammenfügen, um das Gute des menschlichen Lebens zustande zu bringen. Aber dieses Zusehen war entscheidend wichtig, denn es ließ ja überhaupt erst beide, Denken und Lust, von sich her in das Erscheinen ihres Wesens herauskommen. Und dieses Zusehen ließ das in seinem Wesen Erscheinende allererst frei, von sich her in die Einheit der Mischung zusammenzugehen. Dieses Erscheinenlassen vollzog sich als ein Durchsprechen mittels der dialektischen Methode, welche für uns allererst den Bereich eröffnet hat, innerhalb dessen Denken und Lust in das Erscheinen ihres Wesens gelangen und sich von sich her frei zusammenfinden konnten, um das Gute des menschlichen Lebens zustande zu bringen.

Die Wesensaufhellung von Lust und Denken und die Vornahme der Mischung sind daher eher ein Lassen als ein Tun. 'Lassen' aber nicht verstanden als Gleichgültigkeit, die der Sache den Rücken kehrt und sie sich selbst überläßt, sondern 'Lassen' verstanden als Sicheinlassen auf die Sache, Freigabe der Sache auf sich selbst hin, damit sie in ihrem eigenen Wesen gegenwärtig zu werden vermag. Es fällt uns nichts schwerer als dieses wesenhafte

Lassen Dingen und Menschen gegenüber, das aber ein Grundzug des wesentlichen, d.h. des philosophischen Denkens ist.

Zu prüfen bleibt noch, ob dieser Mischung *Wahrheit* innewohnt, denn sie macht den Seinscharakter der Bestandteile und des Mischungsganzen selbst aus. Dann ist die Mischung zustande gebracht, und zwar so, daß die Bestandteile sich frei von sich her zueinander fügen, einer den anderen in sich aufnimmt, ohne daß sie einander beeinträchtigen. Und so haben wir das Haus des Guten erreicht. Das Gute selbst aber haben wir noch immer nicht erblickt.

Wie aber sollen wir weitergehen, um zum Guten selbst zu gelangen und es zu erblicken? Unser Weg ist durch die folgende Frage geleitet: Was ermöglicht dieser Mischungseinheit von Denken und Lust, überhaupt das zu sein, was sie ist? Was macht sie zum Sein tauglich? Was ist das, was sie zustande bringt und im Stand hält? Diese Frage zielt auf die seinsmäßige Möglichkeit der Mischung. Das, was etwas zustande bringt und im Stand hält, ist die Ursache (*aitia*). Was aber ist die Ursache der Mischung? Da diese Frage auf das Gute selbst geht, von dem wir wissen, daß es in seinem Wesen rätselhaft ist, erwarten wir, daß jetzt die Schwierigkeiten überhaupt erst beginnen, stoßen wir doch auf das Geheimnis der gesamten platonischen Philosophie.

Sokrates aber sagt: Was eine Mischung tauglich macht, das ist überaus leicht zu finden. Auf die verblüffte Frage des Protarchos, wie denn das zu verstehen sei, antwortet Sokrates: Es gibt überhaupt keinen Menschen, der das nicht weiß. Hier glauben wir unseren Ohren nicht mehr zu trauen. Das Gute – das letzte und höchste Geheimnis – soll etwas sein, das allen Menschen bekannt ist? Das ist wohl die überraschendste Wendung in diesem an Überraschungen so reichen Dialog. Freilich kann man die Gegenfrage gleich stellen: Kann es denn anders sein? Kann denn das Gute, der alles Leben leitende und tragende Hinblick, etwas Verstecktes, im Dunkel Verborgenes sein? Wenn es das wäre, wie könnte es dann das Leben immer schon leiten? *Muß* das Gute nicht überall und bei allem schon in der Sicht stehen? Aber wenn es so ist, wozu dienen dann all die großen Anstrengungen, Wege und Umwege? Oder beginnt sich uns das Gute erst jetzt in seiner ganzen Rätselhaftigkeit zu zeigen? Beruht sie am Ende darauf, das das Gute das Allerbekannteste *und* zugleich das Verborgenste ist? Verbirgt sich das Gute vielleicht gar nicht in einem schwer zugänglichen und nicht aufzuhellenden Dunkel, sondern gerade in seinem Bekannt- und Offenbarsein? Ist es möglich, daß Offenbarkeit zugleich Verbergung ist? Kann die Helle verbergend sein? Wir werden sehen, daß es sich so verhält.

Was eine Mischung *gut* macht, ist allen Menschen bekannt. Nehmen wir ein Beispiel: Wer ein Glas Himbeersaft trinkt, muß die beiden Anteile, Himbeersaft und Wasser, bemessen. Nimmt man zuviel Saft, wird der Trank zu süß und widerlich; im umgekehrten Fall wird er zu wässrig sein und zu sehr nach Wasser schmecken. In beiden Fällen wird das Unmaß des einen Bestandteils den anderen verdecken. Es ist überhaupt keine Mischung, es ist kein Saft, es ist kein Wasser, d.h. es ist nicht der gewünschte Trank, sondern ein unerwünschtes Durcheinander. Das Zuviel des einen und das Zuwenig des anderen machten die Mischung zunichte. Daraus folgt: Die maßbestimmte Bemessenheit ist es, die die rechte Mischung ausmacht. Der Charakter der maßbestimmten Bemessenheit oder der Maßhaftigkeit ermöglicht und bewahrt der Mischung ihr Sein. Was aber besagt diese Maßbestimmtheit? Wo die Bestandteile einer Mischung im Verhältnis des Zuviel und Zuwenig zusammenkommen, verdeckt der eine den anderen. Wo dagegen die Vereinigung durch das *Maß* bestimmt ist, lassen die beiden einander in das Erscheinen hervortreten. Was aber *ohne* Verstellung in das Erscheinen hervorgeht, d.h. ganz und gar in die Gegenwart des Erscheinens eintritt, das ist das Schöne.

So ist es uns seltsam ergangen. Wir fragten nach dem, was eine Mischung gut, zum Sein tauglich macht, d.h. nach dem Guten. Und indem wir dem Guten fragend nachgingen, kam etwas anderes zum Vorschein, nämlich das Schöne. So hat sich uns das Gute, indem wir ihm nachfragten, entzogen. Aber es ist nicht einfach weg- und irgendwohin gegangen, wohin wir nicht gelangen können, sondern, indem wir ihm fragend nachgingen, hat es sich in den Aufgang des Schönen *geborgen* und *verborgen*. Und so lautet der entscheidende Satz:

> „Nun hat sich uns also das Vermögen des Guten in den Aufgang des Schönen entzogen.“ (64 e 5 f.).

Entzogen hat es sich unserem Fassenwollen, aber so, daß wir statt seiner ein anderes erblicken: Das Schöne ist das ganz und gar aus sich Hervorscheinende, das ganz und gar Anwesende, welches das Gute in sich geborgen hält. Und so ist unserem Suchen nach dem Guten das Schöne aufgegangen.

Müssen wir jetzt in das Schöne eindringen, um das Gute freizulegen? Das Schöne ist das ganz und gar aus sich Hervorscheinende, das nichts versteckt und verborgen hält, das noch freigelegt werden könnte, d.h. es verwehrt jedes weitere Ein- und Vordringen. Es gibt nichts anderes zu sehen als sich selbst, und außerhalb seiner ist nichts weiter zu eröffnen. Indem also das Gute sich in den Hervorgang des Schönen birgt und verbirgt, entzieht es sich wesenhaft jedem unmittelbaren Fassenwollen. Aber das Schöne ist nicht nur das Scheinende und Erscheinende, sondern es erscheint als das, was es ist. Es ist das in seinem Sein Unverborgene, also das Wahre. Und so birgt und verbirgt sich das Gute in einer dreifach einigen Sicht: der Sicht auf Schönheit, auf maßbestimmte Gemessenheit und auf Wahrheit. Diese drei stehen dafür ein, daß eine Mischung gut ist, daß sie sein kann.

Nun aber bedenken wir zugleich, daß in der Mischung als solcher das Sein von Seiendem-*überhaupt* gefunden worden ist. Deshalb machen wir uns klar, daß und inwieweit die entdeckte Dreiheit für das Sein dessen, was ist, überhaupt gutsteht und einsteht.

Das Unbegrenzte, von dem her ein jegliches Seiende ja auch seine Herkunft hat (vgl. die Lehre von den vier Gattungen), ist das unaufhörlich Verschwindende, niemals Anwesende und Sichzeigende. Erst von der maßbestimmten Grenze her kommt Seiendes in das Erscheinen als dieses und jenes hervor. Das in das Scheinende seiner selbst Hervorgekommene ist das Schöne, aber nur dann, wenn es als das erscheint, was es ist, also wenn es in der Offenbarkeit seines Seins gegenwärtig ist. Die Maßbestimmtheit der Mischung stellt folglich das Seiende erst in den Stand. Zufolge der Maßbestimmtheit verdecken die Bestandteile einander nicht, sondern lassen einander sehen (das ist die Schönheit), und zwar als das, was sie selbst sind (das ist die Wahrheit). Ohne das maßbestimmte Verhältnis gibt es keine Schönheit; denn die Teile würden einander verdecken. Aber auch ohne Wahrheit gäbe es keine Schönheit; denn wenn die Teile zwar zum Vorschein kommen, aber nicht als die, die sie sind, ist das

Erscheinen zugleich verdeckend. Schönheit, Wahrheit und Maßbestimmtheit sind also in der Tat der dreifach einige Hinblick auf das, was überhaupt eine Mischung sein läßt, also Seiendes als ein solches ermöglicht. In diesem dreifachen Hinblick wird das Gute faßbar, aber so, daß es zugleich sein eigenes Wesen in diesem dreifachen Hinblick entzieht.

Das Gute selbst entzieht sich dem unmittelbaren Fassen und Erfassen. Gleichwohl können wir es, um ihm im Denken näherzukommen, über das Bisherige hinaus noch in einer Hinsicht bedenken, nämlich aus der Beziehung, in welcher das Gute zum Schönen steht, und als diese Beziehung. Das maßbestimmte Verhältnis ist die Grundbestimmtheit des Schönen, d.h. die Weise, der gemäß Seiendes ins Erscheinen dessen hervorkommt, was es ist. Nun ist aber das Maß nicht bloße Maßbestimmtheit, sondern, sofern das Seiende seine Herkunft auch immer aus dem Unbegrenzten hat, das das Maßlose im Seienden Bemessende. Das Seiende ist als das ins Maß Gebrachte, d.h. es ist kraft der Bindung des Ungebundenen in ihm. Die Seinsverfassung des Seienden verdankt sich also der Bindekraft des Maßes. Das Maß ist also nicht bloße Bestimmtheit, bloßes Wassein, bloße Grenze, sondern bindende Kraft. Es ist *dynamis*, und diese *dynamis* ist das Gute.

Als bindendes Maß ist das Maß die Kraft, die das Ungebundene im Seienden bindet und dieses dadurch allererst zum Sein tauglich macht. Das Maß – die Grundbestimmtheit der Schönheit – muß folglich in zweifacher Hinsicht betrachtet werden: einmal als Gebundenheit, als Gemessenheit des Seienden, also als die Seinsverfassung des Seienden selbst, dann aber auch als das Bindende, als das Bemessende, also als *dynamis*, kraft deren das Ungemäße, das in allem Seienden waltet, in Maß und Grenze gebunden wird, und zwar unaufhörlich. Aus dieser bindenden Kraft ist das Seiende seiend. Ohne sie würde alles ins Chaos versinken.

Blicken wir auf das Sonnengleichnis des *Staates* zurück, in welchem Plato zum ersten Mal das Wesen des Guten zu verdeutlichen versuchte, so zeigt sich, daß sich im Wesentlichen nichts geändert hat. Denn auch im Sonnengleichnis kam das *Sein* ja auf zweifache Weise in die Sicht: einmal das das, *was* das Seiende ist, als Wasbestimmtheit (*ousia*), sodann als das, was dem Seienden das Sein *ermöglicht*, also als das Gute. Der Unterschied des *Philebos* zum *Staat* besteht nur darin, daß es Plato inzwischen gelungen ist, die Sache seines Denkens *entschiedener* zu denken; denn er denkt im *Philebos* das Sein *entschieden* als Mischung, und d.h. die Seinsverfassung als Maßbestimmtheit der Mischungselemente. Ferner denkt er in der Spätphase das das Seiende zum Sein Ermöglichende, das Gute also, als die das Maßlose je und je in die Maßbestimmtheit bringende *dynamis*. So entspringen die Maßbestimmtheiten, die Seinsbestimmtheiten, ihrer Möglichkeit nach aus der das Unbegrenzte begrenzenden Kraft des *Guten*, so wie im Sonnengleichnis die *Ideen* ihrer Möglichkeit nach aus der Idee des *Guten* entspringen. Während dieses Verhältnis im *Staat* jedoch nur bildhaft dargestellt werden konnte, wird es im Spätdialog im Blick auf die Sache selbst entwickelt. Plato wendet sich mehr und mehr der Frage zu: Woher und wodurch sind die Ideen, *was* sie sind, nämlich Grund dafür, daß das Kommende und Gehende nicht ein alles in sich verschlingendes Chaos, sondern in das Geordnete einer Ordnung gebunden ist? Das, was sie sind und vermögen, verdanken sie der das Ungebundene bindenden Kraft des Guten, die in den Ideen wirksam ist; denn dieses bindende Bemessen des Maßlosen ist das Erscheinen des Seienden in seiner Schönheit, und d.h. in seinem Sein. Die Wirksamkeit der *dynamis* des Guten im Schönen ist die Wesensweise des Guten selbst.

Die Rede vom Sichentziehen des Guten in den Aufgang des Schönen ist die präzise Fassung der Wesensweise des Guten selbst, d.h. sie schiebt das Gute nicht in einen dunklen Bereich des Irrationalen ab. Sie weist auch nicht auf eine welttranszendente Ursache im Sinne der christlichen Schöpfungstheologie, sondern sie sagt nur, wie das Gute als das Gute selber währt. Wenn es so steht, dann wird auch sofort klar, weshalb das Gute nicht gesondert für sich erfaßt werden kann. Denn wenn es in dieser Weise ist, dann kann es auch nur von dem Aufgang des Schönen her, nämlich als das ihn Ermöglichende, und im ständigen Rückblick auf das Schöne selbst in den Blick gelangen. Die Wesenserwirkung des Schönen ist die Wesensweise des Guten selbst. Das bedeutet, daß die *dynamis* des Guten im Seienden selbst als dessen Wesensermöglichung wirksam ist. Deshalb begegnet auch für das menschliche Dasein das Gute nicht als etwas jenseitig Überweltliches, sondern als Gemessenheit, Schönheit und Wahrheit menschlichen Weltverhaltens. Wenn der

Mensch sich nach diesen drei Ideen ausbildet und dadurch eine Ständigkeit und Gehaltenheit inmitten des Kommenden und Gehenden erlangt, waltet in seinem Leben das Gute selbst, und das heißt: Er geht von sich her in sein Wesen auf und entfaltet es.

Das Gute, also das, worauf es für den Menschen zuerst und zuletzt ankommt, weil es ihm allein sein Menschsein verbürgt, enthüllt sich als etwas im Grunde Einfaches. Dieses dreifach Einige aber erlangt der Mensch nur immer wieder und immer aufs Neue durch das unaufhörliche Sichbinden an das bindende Maß, und zwar so, daß er durch die bindend-verbindliche Kraft gebunden wird, wenn er sich in den Umkreis der Bindekraft des Maßes stellt. Das aber steht bei ihm. Das menschliche Leben ist gut, wenn der Mensch sich in Freiheit nach den drei Hinsichten (Gemessenheit, Schönheit und Wahrheit) bildet, soweit die Lebensumstände, deren der Mensch ja nicht in jeder Hinsicht mächtig ist, es zulassen.

Das Gute west im Hervorgehenlassen der drei Ideen Gemessenheit, Schönheit und Wahrheit. An diesen wird nun zum letzten Mal, aber entschieden und endgültig, der Anspruch der Lust und des Wissens gemessen. Das heißt, es kann jetzt endgültig geprüft und entschieden werden, ob die Lust oder das Denken dem Guten verwandter ist.

1. Dies geschieht zunächst im Hinblick auf die Wahrheit. Wer ist der Wahrheit verwandter, die Lust oder das Denken? Daß auch die Lust Wahrheit in sich hat, ist ja bereits gezeigt worden. Mit Ausnahme der reinen Freude sind die Arten der Lust mit Bedrücktheit gemischt. Aber sie neigen dazu, die mitanwesende Bedrücktheit zu überdecken und sich selbst zu übertreiben. Protarchos nennt als Beispiel ein gewisses Verhalten in der Liebe, bei der sehr oft die Beziehung ins Maßlose übertrieben wird, und zwar sowohl in Hinsicht darauf, was der Eine dem Anderen sein kann, wie auch darauf, was man selbst überhaupt für den Anderen zu sein vermag. Hier fehlt es sehr oft am Augenmaß, und dann stellt sich später heraus, daß das Gesagte und Versprochene nicht eingehalten worden ist. Es macht sich in der Liebesbeziehung eine Enttäuschung breit, die angesichts der übertriebenen Erwartung ebenfalls übertrieben ist. So kann dann der Eine zu dem Anderen mit den Worten eines bekannten Liedes sagen: „Was du mir erzählt hast von Liebe und Glück, das war Lüge, nichts als Lüge.“

Der *nous* dagegen vernimmt das Seiende in seinem Sein. Er ist, so sagt Plato, das der Wahrheit Ähnlichste, also von allem Wahren das Wahrste, wenngleich nicht das Wahrheitswesen selbst. Er ist der Wahrer der Wahrheit und deshalb selbst im höchsten Maße wahr, aber nicht die Wahrheit selbst. Denn er kann ja auch sein Amt versäumen; das heißt, das Vernehmen, Denken kann in Unvernehmen, Undenken übergehen. Aber der Bestimmungsgrund seines Wesens ist dieses bergende Verwahren des Wahren selbst, und deshalb ist der *nous* in seinem Wesen durch Wahrheit bestimmt. So zeigt sich, daß das Denken die Lust an Wahrheit übertrifft.

2. Auch in Bezug auf die Maßbestimmtheit ist das Denken bzw. das Wissen der Lust überlegen. Die Lust, für sich genommen, tendiert zum Grenzenlosen des Mehr und Mehr. Das Wissen dagegen ist seinem Wesen nach gebunden durch das, was das Seiende ist; es ist dadurch selbst bestimmt, also maßhaft.

3. Ebenso ist der Vorrang des *nous* vor der Lust hinsichtlich der Schönheit klar. Der *nous*, d.h. die Sicht auf das, was das Seiende ist, läßt dieses in das Scheinende seiner selbst gelangen. Und das ist das Wesen der Schönheit. Es gibt dagegen Weisen der Lust, die das Licht des Tages scheuen müssen, die der Mensch, der sich ihnen anheimgibt, sogar vor sich selbst verbirgt und, wenn er sich daran erinnert, nicht wahrhaben möchte. Daraus folgt, daß die Lust nicht als Lust schon schön ist.

Damit ist der Vorrang des Denkens vor der Lust nach allen drei Hinsichten bewiesen. Und so scheint das Gespräch ans Ende gekommen zu sein. Die Geprächspartner hatten zu Beginn festgelegt: „Wir sind gebunden und gehalten, im Umkreis dieser Fragen auf jede Weise, so weit wir nur können, das Wahre zu vollbringen" (11 c 9 f.). So haben es die beiden Gesprächspartner auch gehalten. In diesem Streit von Denken und Lust um das Gute versteiften sich die Streitenden nicht auf die leere Selbstbehauptung, sondern gemeinsam wurde ein Drittes erstritten: das Gute, das mehr ist als jedes der beiden, das nämlich nur das ist, was es ist, weil die beiden – Denken und Lust – eine Bündniseinheit eingegangen sind. Das Gute des menschlichen Lebens hat sich als Mischung erwiesen. Nun zeigt sich, daß es innerhalb des Mischungsgefüges eine Rangordnung gibt.

1. An der Spitze des Ganzen der guten Lebensverfassung steht das Gute selbst als das bemessende Maß, denn es ist das alles innerhalb des Mischungsganzen Bestimmende. Das heißt, der Hinblick auf die Bindekraft des Maßes bleibt das anfänglich und durchgängig Erste, ohne welches menschliches Leben überhaupt nicht glücken kann.

2. An der zweiten Stelle innerhalb dieses Wesensgefüges der geglückten Lebensverfassung steht das durch das Maß bestimmte Verhältnis: das Zusammenstimmen der mannigfachen Verhaltungen zu Einem, so daß sie einander nicht beeinträchtigen, also das Schöne zustande bringen.

3. An die dritte Stelle tritt die aus Maßbestimmtheit und Schönheit hervorgehende Wahrheit, die Offenbarkeit des Seienden in dem, was es ist, die von Denken (*nous*) und Einsicht (*phronesis*) verwahrt wird. Diese verbürgen die Wahrhaftigkeit menschlichen Lebens.

4. Der *nous* entfaltet sich in die verschiedenen Wissensarten, in die reinen und in die gemischten, denen allen, wenn auch in verschiedenem Ausmaße, Wahrheit innewohnt. Sogar die wahre Ansicht, die richtige Meinung wird noch zugelassen, weil ihr doch auch Wahrheit innewohnt und weil es sich bei uns Menschen eben so verhält, daß wir es in vielen Verhältnissen bei der bloßen Meinung bewenden lassen müssen, ohne diese in Wissen verwandeln zu können.

5. An fünfter Stelle erscheint dann die reine Lust, die ja dem Sichhalten des Menschen in der Offenbarkeit der Welt von Haus aus schon eigen ist. Neben der reinen Lust wird auch Lust an allem zugelassen, was seinem Dasein nach allein durch seine Anwesenheit erfreulich ist, wozu dann auch solches gehört, was durch die Sinne offenbar wird, z.B. die reinen Töne, Düfte, Gestalten und, so dürfen wir hinzufügen, die Werke der Kunst.

6. Zuletzt folgen die Arten der Lust, die aus der Wiederherstellung der natürlichen Verfassung des Leibes und seiner Gesundheit überhaupt hervorgehen, und endlich auch die Freude der Erwartung und die Freude über ein verlangtes Gegenwärtiges, sofern in ihnen nichts Trügerisches ist.

Dazu sei hier noch eine Bemerkung angefügt: Man könnte fragen, weshalb die unreinen Wissensarten zugelassen werden, nicht aber die trügerischen Lustarten. Maßgeblich für diese Entscheidung ist die Verwandtschaft mit der Wahrheit. Die unreinen Wissensarten sind nämlich nicht in derselben Weise unwahr wie die heftigen und trügerischen Lustarten. Zwar nimmt auch z.B. der Handwerker etwas als einen Kreis, das gar kein Kreis ist; aber er beansprucht auch gar nicht das, was er da bei seinem Hantieren als Kreis verwendet, als den wahren Kreis. Das heißt, das herstellende Wissen bleibt immer an der Idee der Wahrheit orientiert, sofern es das als Kreis Genommene vom Kreis selbst unterscheidet. Dieses Nehmen-als nimmt zwar das, als was etwas sich zeigt, als Maß, und insofern hat dieses herstellende Wissen den Charakter der *doxa*, aber diese *doxa* ist sich selbst durchsichtig. Die falsche Lust dagegen nimmt etwas als erfreulich, was gar nicht erfreulich ist, und zwar so, daß sie gegen diese eigene Selbsttäuschung auch noch blind ist und diese ihr erst in der Enttäuschung aufgeht. Die heftige, maßlose Lust nimmt dem Menschen sogar die Möglichkeit, wahrhaft Erfreuliches von solchem, das gar nicht erfreulich ist, zu unterscheiden. Die trügerische Lust vermag überhaupt Wahres nicht vom Falschen zu unterscheiden, und sie ist sich selbst in keiner Weise durchsichtig, weil sie sich nur „mit ihren eigenen Augen" sieht. Die unreinen Wissensarten jedoch stellen sich von ihnen selbst her vor sich selbst dar als die, die sie sind. Zwar sind ihre Maße ungenau, bewegen sich im Mehr und Weniger, und deshalb ist das, mit dem sie umgehen, nicht eigentlich bemessen, nicht eigentlich schön und wahr, aber sie bleiben offen für das eigentliche Maß, für das eigentlich Schöne und Wahre. Sie nehmen ihr Ungefähr als solches, und deshalb lassen sie auch den Menschen, wenn er sich in ihrem Ungefähr bewegt, nicht in dieses aufgehen und etwa der Täuschung verfallen.

Nun stellt sich noch eine weitere Frage ein. Das Sein war ja bereits in einem früheren Stadium des Dialogs expliziert worden. Das Ergebnis lautete damals: Das Seiende ist seiend zufolge von vier Gattungen: Unbegrenztes, Grenze, Gemischtsein beider und Ursache der Mischung. Wie stehen aber diese vier Gattungen zu den drei Anblicken, in denen sich jetzt das Sein manifestiert: Gemessenheit, Schönheit, Wahrheit? Treten diese drei zu den vieren hinzu, so daß wir dann im ganzen sieben hätten, oder sind die drei vielleicht in den vieren schon enthalten und müssen nur expliziert werden?

Es kommt jetzt darauf an, die Verschiedenheit der Standorte zu umgrenzen, von denen her das Sein jeweils auf dem Weg des Denkens erblickt wurde. Die Ausarbeitung der vier Gattungen des Seins erfolgte aus der Einsicht, daß das Gute des menschlichen Lebens eine Mischung darstellt. Deshalb galt es, das Wesen von Mischung-überhaupt in den Blick zu bekommen. Dabei zeigte sich, daß das Wesen der Mischung selbst eine Mischung ist, nämlich ein Zusammenbringen von Unbegrenztem und Grenze. Denn die Bestandteile einer Mischung liegen vor der Mischung im Modus der Unbestimmtheit bereits vor. Mischen heißt dann: den Anteil der Mischungsbestandteile am Ganzen der Mischung festlegen. Dazu bedarf es eines Hinblicks auf *Maß* und *Grenze*. So gehört zum Zustandekommen einer Mischung eine Verschiedenheit: das Unbegrenzte, die Grenze, die Einheit beider und jenes, das das Unbegrenzte in die Grenze bringt, also das maßbestimmte Verhältnis der Mischungsbestandteile festlegt, die Ursache der Mischung. Nun macht die Einheit von Unbegrenztem und Grenze das Wesen von Sein-überhaupt aus, d.h. das, *was* ein Seiendes ist, sofern es *ist*. Also gibt das *Mischungswesen* einen Einblick in die *Art* des Seienden als eines solchen. Unbegrenztes und Grenze machen nicht *ontische* Bestandteile einer Mischung aus wie Wasser und Wein, sondern sind *ontologische* Momente des Seins einer jeden Mischung.

Problematisch blieb in dieser Betrachtung, was es mit der *aitia* der Mischung auf sich hat. Auf sie erhob zunächst der *nous* einen nicht unbegründeten Anspruch, denn das Denken ist es doch, welches den Anteil der Mischungsbestandteile am Mischungsganzen festlegt, entweder durch anzahlmäßige, also exakte Fixierung oder durch Abschätzung. Da das Mischungswesen das Sein-überhaupt ausmacht, legt sich die Annahme nahe, der *nous* sei nicht nur ein Wesensmoment des Seins, sondern dasjenige im Wesen des Seienden, das die Seinsverfassung selbst zustande bringt, also die *aitia* der Mischung selbst.

Und doch erweist sich bei genauerem Durchdenken des Sachverhaltes dieser Anschein als *bloßer* Anschein. Denn das Denken vermag doch erst dadurch eine Mischung zustande zu bringen, daß es Bestimmtheit und Grenze in der Sicht hat, also nur *in Bündniseinheit* mit der maßbestimmenden Grenze, nicht aber allein aus sich selbst. Und auch diese Gemeinschaft von Bestimmtheiten und Denken vermag das Ihrige nur aus der Kraft des das Unbegrenzte begrenzenden und bindenden Maßes. Was also ist die eigentliche *aitia* des Seins?

Diese *aitia* ist nicht so einfachhin als ein Dieses oder Jenes zu bestimmen. Doch kann man sie – immer nur hinweisend, also so, daß die Sache in einer wesenhaften Fraglichkeit gehalten wird – so kennzeichnen: Sie verbindet *nous* und *peras* miteinander, dergestalt, daß beide in und aufgrund dieser Verbindung erst sind, was sie sind. Und sie ist in eins damit das in dieser Verbindung das Ungebundene Bindende. Nun kann man eine solche Bestimmung, wie ich sie hier versuche, durchaus als eine *Struktur* kennzeichnen. Von dieser Wesensart ist die *aitia*, und darüber hinaus ist sie nichts. Aber eben weil sie außerdem nichts ist, ist sie das, was sie ist: das anfänglich und durchgängig alles Seiende zum Sein Ermöglichende, das Gute.

Nun wird vielleicht schon deutlicher, worin der Schritt besteht, der von der Lehre von den vier Gattungen in das letzte Stadium des Dialogs führt. Dieser Schritt öffnet allererst den Blick für die Wesensweise der *aitia*, also des Guten selbst, welches in der Lehre von den vier Gattungen – und darin sieht man das Vorläufige dieser Lehre – noch im Unbestimmten geblieben war, so daß sogar der *nous* sich vordrängen konnte mit seinem Anspruch, selbst diese *aitia* zu sein. Es war erforderlich, daß erst einmal die Mischung vorgenommen wurde, um ihr zu entnehmen, worin ihr Gutsein besteht. Dazu aber mußten die Elemente der Mischung erst selbst bestimmt werden. Die vorgenommene Mischung ist die Mischung aus Wissen und Lust, die allein dem Menschen eine gute Lebensverfassung gewährt. An ihr wurde ersehen, worin ihr Gutsein besteht, nämlich in der dreifachen Einheit von Maßbestimmtheit, Schönheit und Wahrheit. Da aber das Mischungswesen als solches das Sein überhaupt ausmacht, erweisen sich diese drei Charaktere als das, was das Gut-Sein, also die Seinsverfassung von Seiendem überhaupt ausmacht. Und nun war die Frage möglich: Was ist das, das eine solche Mischung zustande bringt und im Stand hält, so daß nicht Chaos, sondern Sein ist? Es ist das in Maßbestimmtheit, Schönheit und Wahrheit waltende, das Ungebundene je und je bindende Maß, dessen Walten der Aufgang des Schönen ist, das Erscheinen des Seienden in seinem Sein. Im Unterschied zu der Explikation dessen, was zur Mischung gehört, also der Lehre von den vier Gattungen des Seins, entfaltet das letzte Stadium des Dialogs das *Wesen* der *aitia* selbst.

Damit diese Überlegungen sich nicht nur im Allgemeinen der Seinsbestimmungen halten, seien sie an einem ganz einfachen Beispiel aus der Mathematik noch einmal konkret verdeutlicht: Der Mathematiker zeichnet einen Kreis an die Tafel, um an ihm Eigenschaften des Kreises zu demonstrieren. Die gezeichnete Figur, auch wenn sie mit dem Zirkel geschlagen worden ist, ist nicht *der Kreis*, sondern nur etwas, das so aussieht wie der Kreis. Sie ist gekennzeichnet durch das Zuwenig und Zuviel, also immer auch durch das Unbegrenzte. Um die Figur als etwas zu erkennen, das so aussieht wie ein Kreis, muß das Aussehen (*eidos*) des Kreises selbst, d.h. das schon in der Sicht stehen, als *was* ich diese Figur ansehe. Dieses, als was ich die Figur ansehe, kann im *logos* des Kreises gefaßt werden, und zwar in einer *Definition*. Die Sicht auf das, als was wir die sinnliche Figur ansehen, gefaßt in einer Definition, legt der Mathematiker all seinen Aussagen über den Kreis zugrunde. Diese Sicht läßt das sinnliche Gebilde überhaupt erst als so etwas wie Kreis erscheinen. Und so verhält es sich mit allen sinnlichen Figuren, an denen die Mathematik ihre Erkenntnisse demonstriert.

Nun kann man es bei solchem Ansatz einer in der Definition gefaßten Idee bewenden lassen, wie die Mathematik das auch tut. Man kann aber auch diese Idee selbst in Hinsicht darauf befragen, *was* sie ist. Sie wird gefaßt im *logos*, der darlegt, was der Kreis als Kreis ist. Was ist das? Ein bestimmtes *Verhältnis*, in welchem die Peripherie zum Mittelpunkt steht. Wird nun die gezeichnete Figur *als Kreis angesehen* – und das geschieht ja, wenn der Mathematiker an diesem Kreis seine Beweise darlegt –, dann wird die Figur in solchem mathematischen *Ansehen-als* in das Maßverhältnis gebracht, welches die Idee des Kreises selbst ist. Genauer noch: Das mathematische Sehen der sinnlichen Figur *sieht* diese unaufhörlich in das maßbestimmte Verhältnis *hinein*. Die mathematische Sicht ist ein unaufhörlicher Gang des sinnlichen Kreises in die Maßbestimmtheit, so jedoch, daß er immer auch hinter dieser zurückbleibt. Was aber ist es, das dieses der sinnlichen Figur eigene Zuviel und Zuwenig je und je in die Maßbestimmtheit bringt? In gewisser Weise ist es die mathematische Sichtweise selbst; denn allein in solchem Sehen geht die sinnliche Figur unaufhörlich in die Maßbestimmtheit selbst hinein. Wenn wir uns nämlich auf die pure Sinneswahrnehmung als solche beschränken, bekommen wir niemals etwas *als Kreis-überhaupt* in die Sicht. Aber andererseits würde sich das sinnliche Gebilde in einem solchen Sehen nicht in den Kreis hineinbewegen, wenn die Idee des Kreises selbst, die Maßbestimmtheit, nicht schon in unserer Sicht stände. Aber auch dann hätten wir nur zwei Sachverhalte (die sinnliche Figur und die Idee), aber niemals die sinnliche Figur *als Kreis*. Diese Sicht aber brauchen wir, um verstehen zu können, daß der Mathematiker an der sinnlichen Figur die Eigenschaften des Kreises demonstriert. Dieser Sachverhalt – also das, was der Mathematiker vor Augen hat, wenn er an der Figur Eigenschaften des Kreises darlegt – kommt nur dadurch zur Präsenz, daß die Idee des Kreises, also das maßbestimmte Verhältnis, nicht nur Maßbestimmtheit ist, sondern *bestimmende* Bestimmtheit, nämlich bestimmend das Ungemäße der sinnlichen Figur. Wir sehen in der mathematischen Sichtweise die Idee, d.h. die Maßbestimmtheit, im *Wie* ihres *Bestimmens* und *Bemessens*. Die sinnliche Figur erscheint nur als Kreis kraft der unablässigen Bemessung des den Sinnen Erscheinenden durch das bemessende Maß.

Es steht also nicht so, daß es einerseits das sinnliche Wahrnehmungsgebilde gibt und *außer* ihm noch den unsinnlichen Kreis an sich. So sieht es aus und muß es aussehen, solange wir es bei der bloßen *hypothesis* des *eidos* bewenden lassen. Sie ist aber nur der erste unumgängliche Schritt. Wird das *eidos* selbst auf das hin befragt, *was* es ist, zeigt sich erst der Sachverhalt in seiner ganzen Wahrheit. Der Kreis, mit dem es die Mathematik zu tun hat, ist weder die sinnliche Zeichnung, denn diese ist für sich überhaupt kein Kreis, noch aber auch das bloße Maßverhältnis, denn dies ist ebenfalls kein Kreis, sondern die Vereinigung beider, der unablässige Gang des Mehr und Weniger in die Bestimmtheit durch dessen Bemessung im mathematischen Sehen selbst.

Vielleicht kann man sagen, daß Plato, wenn diese Interpretation stimmen sollte, sich in seinem Denken Aristoteles annähert, der das *eidos* als die dem sinnlich Wahrnehmbaren selbst eigene, ihm immanente Wasbestimmtheit gedacht hat. Doch läßt gerade diese Nähe des späten Plato zur *eidos*-Lehre des Aristoteles auch den wesentlichen Unterschied erkennen. Nach Plato ist das sinnlich

Wahrnehmbare niemals selbst *ousia*, sondern sein Sein besteht im Gang in die *ousia*, im unablässigen Gang in die Maßbestimmtheit. Dagegen entnimmt Aristoteles die *eide* dem sinnlich Wahrnehmbaren selbst, also dem naturhaft Seienden, welchem die *eide* als dessen Wasbestimmtheit selbst anfänglich schon zueigen sind. Nach Plato jedoch haben die *eide*, die Maß- und Wasbestimmtheiten, eine *übernatürliche* Herkunft, eben aus der im Seienden waltenden *dynamis*, welche das Ungemäße je und je bindet, so daß das Seiende vor dem Versinken in das Nichtsein des Chaos gerettet bleibt.

Solche Unterschiede gehören zur *Wahrheit* eines philosophischen Denkens und müssen daher beachtet werden. Sie machen die Entschiedenheit aus, mit der das Sein sich wesensgeschichtlich je und je manifestiert, um von dazu berufenen Denkern ausgelegt zu werden.

Was an dem einfachen Beispiel des Kreises gezeigt worden ist, trifft voll und ganz und erst recht für das Sein des Menschen zu. Auch das Sein des Menschen – also seine faktische Existenz, wie wir heute sagen – vermag niemals mit seinem Wesen in eine dekkungsgleiche Identität zusammenzugehen, sondern bleibt ein Gang in die *ousia*. Das heißt aber: Der Mensch kommt *niemals* endgültig in dem dreifachen Wesensanblick von Maßbestimmtheit, Schönheit und Wahrheit zum *Stehen*, sondern er bleibt *auf dem Weg in* diese drei Ideen, weil er das chaotisch Ungemäße je und je zu überwinden hat.

Das gilt auch und gerade für das höchste Wissen, dessen der Mensch fähig ist: das Wissen der Philosophie. Denn wenn wir etwas vom Wesen der Philosophie durch Plato gelernt haben sollten, dann doch wohl dieses, daß das Wissen dessen, was das Seiende ist, niemals in die endgültige Habe genommen werden kann, sondern daß das Sein immer noch unser Erkennen übertrifft und deshalb Sache eines immer wieder von neuem anhebenden Fragens bleibt. Dieses Fragen ist die sachgemäße Haltung, der gemäß wir uns als die Denkenden, die wir sind, zur Sache des Denkens verhalten.

Alles in allem können wir sagen: Platos Philosophie ist nicht nur deshalb Idealismus, weil sie das Sein in der Idee erblickt, sondern auch deshalb, weil das Wesen des Seins, die Dreiheit der drei höchsten Ideen, ein *Ideal* darstellt, an das sich annähernd das Seiende allererst und allein seiend ist.

So steht es auch mit dem Wesen des Menschen. Es ist ein Ideal, dem der faktisch existierende Mensch sich im Privaten wie im Öffentlichen annähert, solange er sich nach den drei Ideen auszubilden bemüht bleibt, und das ihn so vor dem Verfall ins Chaos bewahrt. Das schließt eine unablässige Auseinandersetzung des Menschen mit sich selbst ein, sofern das ungemäße Chaotische eine bleibende Mitgift der menschlichen Existenz ist.

Dieses griechische Menschenideal wurde in der größten Anstrengung des Denkens und im Blick auf das Sein selbst erarbeitet und errungen. Weil das so ist, bedarf es auch unsererseits, wenn dieses Ideal zu uns sprechen soll, der Bereitschaft, die Anstrengung des Denkens auf uns zu nehmen. Ein solcher Versuch wurde in dieser Vorlesung unternommen.

Editorische Notiz

Bei der vorliegenden Plato-Interpretation handelt es sich um eine Vorlesung von Karl-Heinz Volkmann-Schluck (1914-1981), die er im Sommersemester 1980 an der Universität zu Köln gehalten hat.

Eine Bibliographie der Veröffentlichungen von Karl-Heinz Volkmann-Schluck findet sich im Anhang der Vorlesung „Die Philosophie Nietzsches".[3] Aus seinem Nachlaß sind noch drei weitere Vorlesungen erschienen: „Die Philosophie der Vorsokratiker" (1992), „Kants transzendentale Metaphysik und die Begründung der Naturwissenschaften" (1995) und „Die Philosophie Martin Heideggers" (1996).

Köln, im Oktober 1997 — I.B. und I.S.

---

[3] Karl-Heinz Volkmann-Schluck, Die Philosophie Nietzsches. Der Untergang der abendländischen Metaphysik, hrsg. v. Bernd Heimbüchel, Würzburg 1991.